suhrkamp taschenbuch
wissenschaft 37

Siegfried Bernfeld, geboren 1892, war nach seiner Ausbildung bei Sigmund Freud ab 1924 Mitarbeiter am Ausbildungsinstitut der Psychoanalytischen Gesellschaft in Wien, später in Berlin. 1933 emigrierte er über Wien nach San Francisco. Bis zu seinem Tod im Jahr 1953 arbeitete er an Forschungen über Freuds Biographie. Publikationen: *Psychologie des Säuglings*, *Die Schulgemeinde und ihre Funktion im Klassenkampf*, *Antiautoritäre Erziehung und Psychoanalyse. Ausgewählte Schriften.*

Bernfeld geht mit seiner Streitschrift ironisch und polemisierend der Frage nach: Erziehung wofür und für wen? Die Grenzen der Erziehung sieht er nicht so sehr in der Erziehbarkeit des Kindes oder der Person des Erziehers, sondern in ihrer Funktion innerhalb der kapitalistischen Gesellschaft: Erziehung ist in bezug auf diese Gesellschaft immer konservativ und orientiert sich an den Machttendenzen der erziehenden Gruppe.

Siegfried Bernfeld

Sisyphos oder die Grenzen der Erziehung

Suhrkamp

Klimaneutral
Druckprodukt
ClimatePartner.com/14438-2110-1001

15. Auflage 2022

Erste Auflage 1973
suhrkamp taschenbuch wissenschaft 37
Erstmals 1925 erschienen im
Internationalen Psychoanalytischen Verlag,
Leipzig · Wien · Zürich

Umschlag nach Entwürfen von
Willy Fleckhaus und Rolf Staudt
Druck und Bindung: C. H. Beck, Nördlingen
Printed in Germany
ISBN 978-3-518-27637-2

www.suhrkamp.de

Inhalt

1 Von der Pädagogik

Den weimarischen Unterrichtsminister Herrn v. Wydenbruch zu tätiger Hilfe für Fröbels Kindergarten zu gewinnen, bemühte sich Frau v. Marenholz-Bülow in Tischgesprächen, die Einwände beredt zu zerstreuen, die dem Minister bisher zugetragen worden waren. Sie sprach von der Freiheit, zu der die Menschen durch Fröbels Methode erzogen würden. Der Minister schien geneigt, solche Möglichkeit zu glauben, aber die Freiheit selbst schien ihm nicht wünschenswert, das Wort sogar schon ist gefährlich. – Es war im Jahre 1850. – Frau v. Marenholz beeilte sich zu versichern, es sei nur die innere Freiheit, die sie meine, die Freiheit der eigenen Entfaltung. Er glaube nicht, daß Fröbels Methode diese allgemein erzielen könne, war dagegen Herrn v. Wydenbruchs Meinung, denn die Menschen werden immer Menschen bleiben, das heißt unvollkommene Wesen. Immerhin würde er zu gegebener Zeit nicht versäumen, das Mögliche zur Förderung der Methode zu tun. Vorerst aber müsse Ruhe und Ordnung in den Staaten geschaffen sein.*

Diese Geschichte enthält so viele Punkte, die mir für die Erörterungen, die in diesem Buche bevorstehen, wichtig erscheinen, in sich verdichtet, daß sie ihres Symbolwertes wegen wohl geeignet ist, es einzuleiten. Sie führt uns von verschiedenen Seiten her an jene Gesichtspunkte, die nach meiner Meinung im Zentrum stehen sollten, wenn die Frage nach den Grenzen der Erziehung erhoben wird. Da ist zunächst die nachsichtige Skepsis des erfahrenen Staatsmannes gegenüber den Versprechungen der Pädagogik. Er ist freundlich, vielleicht nicht nur weil eine Dame und Baronin ihm Fröbels wunderliche Ideen vermittelt, sondern weil diese Ziele selbst seine Sympathie haben, mindestens weil sie der ganzen Mensch-

* Anekdotisch verkürzt nach Marenholz, Erinnerungen an Fröbel.

heit Sympathien haben, und, könnte er nicht mitfühlen, er sich selbst verdächtig oder verächtlich erscheinen müßte. So bleibt ihm unbewußt, daß er im Grunde diese Sympathien nicht teilt, oder er hütet sich, seinen Widerstand gegen des edlen Fröbel Ziele und Ideale zu verraten. Bei Diplomaten kann man das nie sicher wissen. Andere Menschen werden wirklich fühlen: Es wäre schön, aber –. Der Minister glaubt nicht an die Möglichkeit der Verwirklichung dieses an sich – vielleicht – so Schönen und Wünschenswerten. Zu gut kennt er die endlose Kette unüberwindlicher Schwierigkeiten, die der bescheidensten Veränderung an menschlichen Einrichtungen und Beziehungen entgegen steht. Er kennt die undurchdringliche Kompliziertheit der Realität. Seine Erfahrungen und die Geschichte haben ihn gelehrt, mit der Tatsache einer grotesken Diskrepanz zwischen Leistung und Erfolg in allen menschlichen Dingen zu rechnen. Aber hier scheint ihm der Bezug verkehrt worden zu sein. Er weiß, daß ungeheure, andauernde, aufreibende Arbeitsleistung im glücklichen Fall minimalen Erfolgseffekt zeitigt; er kann nicht glauben, daß ein wenig Koselied und ein paar Spielgaben Menschennatur und -einrichtung von Grund auf umstürzen werden. Ich überschätze wahrscheinlich den historischen Herrn v. Wydenbruch. Aber es geht nicht um ihn und nicht um das Jahr 1850, sondern darum, daß in ihm die Einstellung der nichtpädagogischen Welt, auch der heutigen, zu der Pädagogik und den Pädagogen symbolisch gekennzeichnet ist. Nachsichtigkeit gegenüber ihren Idealen – es wäre schön – und entschiedener kalter Unglaube gegenüber ihren Programmen, Mitteln, Versprechungen: das ist die Haltung aller, der Gedankenlosen wie der Nachdenklichen, zur Pädagogik. Ausgenommen sind im wesentlichen nur die Pädagogen selbst.

Der Leser wird leicht geneigt sein, diese Behauptung sehr übertrieben zu finden, und könnte darauf hinweisen, daß die Erziehung, nach dem Kriege vielleicht noch mehr als früher, sehr weite Schichten der Öffentlichkeit lebhaft beschäftigt, daß jede Erziehungsfrage gewiß sein kann, teilnehmende

Kreise zu interessieren, die weit davon entfernt sind, beruflich an sie gebunden zu sein, ja daß schließlich in wenigen Grundsätzen solche Übereinstimmung herrscht wie darin, daß zahllose Mißstände der Gegenwart, das Schicksal der Zukunft nur durch Erziehung verändert werden können. Dieses Interesse, das in einem gewissen Maß sicherlich besteht, sollte nicht überschätzt werden. Es wirken hier zwei Faktoren mit, die den Tatbestand zu verschleiern vermögen. Ein großes Kontingent der Nichtpädagogen, die an der Pädagogik interessiert sind, stellen die Eltern. Sie haben oft Grund, mit der Entwicklung ihrer Kinder unzufrieden zu sein; sie befürchten, ihre Kinder könnten mißraten, und ihre Sorge läßt sie Umschau halten nach Anweisungen, was sie zu tun haben, nach Diagnose und Prognose, wie sie das Verhalten ihrer Kinder zu bewerten, was sie von ihrer Zukunft zu erwarten haben. Die erziehende Funktion der Familie ist allerorten in Frage gestellt, die pädagogischen Hausmittel, mit denen die Großeltern sich zu helfen wußten, scheinen nicht mehr zu wirken, wenigstens haben sie das meiste von ihrer Autorität und Geltung verloren, die Unsicherheit in allen Wert- und Gesellschaftsfragen nimmt den Eltern den Mut, ihren eigenen Willen rücksichtslos durchzusetzen, Schuldgefühle und Feindseligkeit gegenüber den Kindern und der Familie, der wirtschaftlichen Not, der seelischen Beengtheit, die sie im Gefolge haben, erzeugen den Wunsch, sich zu rechtfertigen, eine erprobte Erziehungslehre zu verwenden, die, wenn sie schon nicht zum gewünschten Resultat führen mag, doch erlaubt, sich zu sagen, man habe das Mögliche getan. Diese Situation erzeugt allerdings ein beträchtliches Interesse an der Erziehung. Aber ich habe nicht den Eindruck, daß es sich zu einer Schätzung der Pädagogik verdichtet hätte. Im Gegenteil sind Anzeichen genug vorhanden, die eine gewisse Ermüdung, Enttäuschung auch dieser natürlichen Interessenten, der Eltern, für morgen schon prophezeien lassen. Denn die Pädagogik hält nicht, was man sich von ihr verspricht. Sie gibt keine klaren, eindeutigen, konkreten Anweisungen, ihre

Mittel sind selten wirklich erfolgsicher, ihre Prognose oft falsch, nie gewiß, immer in eine späte, unabsehbare Zukunft weisend. Wenn bei dieser Lage nicht ein rapider Abfall des Interesses bemerklich wird, so mag dies vor allem daher kommen, daß für jeden Interessenten, der durch Enttäuschung – oder dadurch, daß die Kinder aus den Sorgenjahren entwuchsen – von der Pädagogik abfällt, ihr ein neuer hinzuwächst, der in die Elternsituation eben eingetreten ist. Aber diese Lage verhindert zu ihrem Teil, daß die Not und das Interesse sich zur vollen Schätzung der Pädagogik, zur Anerkennung ihrer Autorität, zur Befolgung ihrer Vorschriften und zur sozialen Hochschätzung ihrer Vertreter entwickelt. Sie reicht nur hin, das wirkliche Maß von Skepsis und Geringschätzung zu verschleiern.

Ein zweiter Umstand, der den in des Herrn v. W. Haltung symbolisierten Tatbestand verdunkelt, ist vielleicht noch wichtiger, aber eben deshalb wird er uns später noch ausführlicher beschäftigen. Hier sei er nur eben angedeutet. Das Schulwesen und die Erziehungseinrichtungen sind veraltet, sie bedürfen der Erneuerung. Die in den letzten Jahren so rasch verwandelten politischen, sozialen, wirtschaftlichen Zustände fordern vom Erziehungsapparat der Gesellschaft energischere Anpassung, als in Zeiten ruhigerer Entwicklung genügend erscheinen würde. Kräfte genug sind am Werk, die diese Reformen verhindern wollen; so müssen die Vorwärtsdrängenden kämpfen und als Hilfe für ihren Kampf öffentliches Interesse erringen. Aber auch dieses Interesse enthält keinerlei Schätzung der Kampfobjekte in sich. Man kann die ganze Pädagogik für recht unnütz, ihre Ziele für unpraktisch, ihre Mittel für unbrauchbar halten und sich dennoch für den Kampf gegen das Gymnasium ereifern, weil man dieses als schädlich, als altmodisch, als wichtigen heutigen Bedürfnissen abträglich erkannt hat. Und das öffentliche Interesse am Erziehungswesen reicht tatsächlich nur so weit, als es gilt, schädliche, überflüssige Relikta in vielleicht nützliche, aber in vor allem unschädliche neue Formen zu verwandeln. Mit Bejahung der Ziele der Pädagogik, mit Glauben an ihre Mittel, mit hoher Wertung ihrer Tätigkeit und ihrer Menschen hat dies Interesse nichts zu tun.

Daß den Pädagogen diese Situation nicht voll gegenständlich werden will, daß sie sich und ihre Tätigkeit ernst, wichtig nehmen, ja daß sie sie überschätzen, wie die Wydenbruchs finden, wäre nicht allein verständlich, sondern unbedenklich. Man dürfte ihnen so gut wie Metallarbeitern, Schrebergärtnern, Ärzten gönnen, daß sie ihre tüchtige Arbeit höher schätzen, als jede andere gleich tüchtige Arbeit. Wir überschätzen, was wir lieben, und finden, daß der andere seine Liebe überschätze. Bei den Pädagogen handelt es sich aber nicht um diese selbstverständliche Haltung. Ihre Selbstschätzung hat Formen und vor allem, sie hat Inhalte, die aufregend sind. Ist es wahr, was die Baronin in Fröbels Namen verspricht? Das muß festgestellt, das muß entschieden sein. Hier handelt es sich um keine Kleinigkeit. Da wird die Erlösung der Menschheit versprochen, und hier sitzen die Herren v. W., lächeln kühl und verhindern die versprochene Erlösung. Das ist kein Scherz. Und das muß doch entscheidbar sein. Hat Fröbel recht? Nicht ob seine Ideen schön und wünschenswert sind, sondern ob seine Behauptung wahr ist, daß sie realisierbar seien, das ist die Frage. Und das wenigstens müßte geklärt werden, ob sie überhaupt entscheidbar ist. Denn Fröbels Wahrheit erwiese den skeptischen Minister nicht mehr als klugen, gewandten Empiriker, sondern als den Feind. Hat der Minister aber recht, sind Fröbels Versprechungen falsch, übertrieben, demnach seine, der Pädagogik, Lehre unwahr, so folgt daraus nicht, daß die Pädagogen sich bescheiden müßten, widrigenfalls sie dem Fluch der Lächerlichkeit verfielen, sondern die Pädagogik als Ganzes hätte sich ein Revisionswerk gefallen zu lassen, das einem hochnotpeinlichen Prozesse ähnlich wäre. Sie ist im Verdacht, ungeheueren Aufwand an Kraft, Zeit, Geld, an Kinderglück und Elternsorge sinnlos zu vertun. Die Möglichkeit zeigt sich an: die Pädagogik verhindert vielleicht die Zukunft, die sie verspricht.

Diese Möglichkeit enthält einen schweren Vorwurf gegen die Pädagogik. Soll sie, da er einmal ausgesprochen ist, ganz und gar von ihm freigesprochen werden können, so muß die Untersuchung sehr streng geführt werden. Es ist im Interesse der Pädagogik selbst, daß die Untersuchung parteiisch, mit Voreingenommenheit gegen sie geführt werde, denn was dann nach solcher Untersuchung zu ihren Gunsten ausgesprochen wird, das ist es dann um so sicherer und gewisser. Ich werde mir daher erlauben, etwas von der skeptischen, ironischen, ja feindseligen Stimmung gegen die Pädagogik, die hinter jenen pessimistischen Worten des Ministers steht, in der vorliegenden Untersuchung festzuhalten. Aber es wäre nicht nützlich, sich dieser Stimmung etwa auszuliefern. Nicht nur der Grundverdacht aller Nichtpädagogen kommt in jenem Gespräch zum Ausdruck; sondern diese selbst verraten sich in ihm als nicht minder verdächtig. Herr von Wydenbruch glaubt nicht an die Fröbelsche Methode. Wenn er aber an sie glaubte, würde er sie verbieten, denn ihre Ziele sind gefährlich, sie sind Revolution. Man hat eine Zeitlang Fröbels Methode verboten; man hat sie später wieder gestattet, ja man hat sie gefördert. Offenbar erwies sich in diesem Fall Wydenbruchs Skepsis als berechtigt. Aber wie, wenn sie es nicht wäre? Wenn wirklich die Wydenbruchs schuld daran sind, daß die großen und ewigen Ziele nicht erfüllt sind bis heute? Wenn die Menschen ein für allemal sind, was sie sind, nur weil man sie verhindert, etwas Besseres zu werden? Die Pädagogik behauptet es. Die Entscheidung ist dringend. Und auch gegen die Wydenbruchs ist Voreingenommenheit am Platz. Merkwürdig bleibt nur, daß die Entscheidung nicht längst schon getroffen ist. Daß in dieser gewiß wichtigen Frage noch immer Vorwurf, Verdacht, Unsicherheit möglich ist. Man vergegenwärtige sich die Medizin in der Situation der Pädagogik. Einer verspricht, die Menschheit vom Krebs zu heilen. Sogleich wird geprüft und geforscht. Nicht immer ist sogleich ein Entscheid gefunden. Aber ein umfangreicher wissenschaftlicher, gesellschaftlicher Apparat dient dem Zweck, hier zu entscheiden. Er hat gesellschaftliche Autorität für seine Urteile. Kein Wydenbruch kann sagen: »Es wäre schön – aber ich glaube es nicht«. Hier ist eine legitime Instanz, die ihn in seine Grenzen weist: die Wissenschaft Medizin. Und wo die bestehende Ordnung, eben jene, die von den Wydenbruchs geschützt wird, der Verwirklichung dieser Entscheidung sich entgegensetzt, also etwa dem gefundenen Heilmittel sein hoher Preis, dort wird diese Tatsache den Gegnern dieser Ordnung zum Argument, Motiv, zur Idee. Der Pädagogik fehlt diese legitime Instanz. Sie ist nicht anders als in den ersten, tastenden und undeutlichen Ansätzen vorhanden. Der Entwicklung einer Erziehungswissenschaft stehen starke Kräfte entgegen. Es fehlt noch beinahe ihr Begriff, gewiß die allgemeine Bereitschaft, in Erziehungsdingen wissenschaftlich zu denken. Die Frage, welches die Grenzen der Erziehung *sind*, ob die Fröbels, ob die Wydenbruchs *recht* haben, ist aber eine wissenschaftliche, kann nur wissenschaftlich entschieden werden. Man kann der Erziehung Grenzen setzen, Wydenbruch tut es; diese ihr gesetzte Grenze ist aber nicht ihre; man kann ihr Grenzen wünschen, oder auch keine wünschen, Fröbel tut es; und dennoch hat sie ihre, die vielleicht ganz andere als diese gewünschten sind. Es handelt sich um eine Frage des Tatbestandes, von allen Zielen, Wünschen und Absichten unabhängig.

Unter allen gesellschaftlichen, kulturellen Tätigkeiten entbehrt fast allein die Pädagogik dieser Tatbestands-Gesinnung: der Wissenschaftlichkeit. Sie steht beinahe auf der Entwicklungsstufe, welche die Medizin inne hatte, als Heilkunst und Heilwissenschaft voneinander unabhängig bestanden, ja als die Heilwissenschaft noch nicht erfunden war. Auch damals wurde Heilverfahren geübt, auch damals wurde sogar geheilt. Denn in Urzeiten reicht das Heilen zurück: irgend ein Tun, irgend eine Reaktion des Menschen auf absonderliches, schmerzhaftes, gefahrdrohendes Körperverhalten, das manchmal den Erfolg hatte, dies gefährliche Verhalten zu verändern, in das gewohnte zurückzuverwandeln. Aber die Mittel dieser primitiven, animistischen Medizin hatten an sich nichts mit dem Heilerfolg zu tun. Sie waren aus irgend welchen Motiven entstanden, durch irgend welche Faktoren determiniert, und aus irgend welchen, aber jedenfalls aus außerempirischen Gründen war mit ihnen der Glaube an den Heilerfolg verknüpft. Mißerfolge verringerten nicht den Glauben an das Mittel, sistierten nicht dessen Gebrauch; denn es befriedigt, unabhängig von aller Empirie, die seelischen Bedürfnisse, aus denen es entstand, abergläubische Vorstellungen etwa, religiöse Neigungen oder unbewußte Schuldgefühle. Gewiß haben die Mittel, ihre Wahl, ihr Gebrauch Ursachen; aber diese sind nicht der vorgebliche Zweck: die Krankheit zu heilen. So erscheint, um ein Beispiel zu geben, in dem sich Medizin und Pädagogik nachbarlich berühren, den meisten primitiven Völkern und den bäuerlichen Schichten, auch den kultiviertesten, das Zahnen der Kinder als ein überaus bedenklicher und gefahrvoller Prozeß, gegen dessen feindliche Gewalten das Kind zu schützen eine dringende Aufgabe ist, und zahllose Riten werden ängstlich und sorgfältig eingehalten, wenn das Kind sich dieser schmerzlichen Periode nähert. Es sind recht sonderbare darunter, wie der Brauch, der von den Steiermärkern berichtet wird: wenn das Kind zu zahnen beginnt, hat seine Mutter einer lebenden Maus den Kopf abzubeißen und den abgebissenen Mauskopf an einem Seidenfaden dem Kind um den Hals zu binden. Die Wissenschaft hat uns gelehrt, daß das Zahnen völlig ungefährlich und sein Verlauf von allen Mäuseschicksalen unabhängig ist. War der Zweck des Ritus wirklich die Sicherung des Kindes, so haben Tausende von Mäusen gänzlich vergeblich Kopf und Leben gelassen. Und wer weiß, wie viele Heil- und Erziehungshandlungen, die wir harmlos und hoffend heute noch üben, zwar weniger auffällig, aber ebenso zwecklos sind wie diese. Die Medizin entsteht als Formulierung, Prüfung, Modifikation solchen Tuns, bemüht, das Tun nach seinem Zweck: der Heilung, zu rationalisieren; jede Heilhandlung mit ihrem einzigen sinnvollen Zweck, der Heilung, in Übereinstimmung zu bringen.

Eine Handlung, die diesen Zweck nicht erreicht oder fördert, gilt als falsch und unrichtig, als Aberglauben, wieviele andere Zwecke immer sie befriedigen mag. Unsere heutige Medizin ist, mit jener animistischen verglichen, in hohem Grade rationalistisch, zweck-rational. Unsere Gesellschaft ist es auf allen Gebieten mehr als irgend eine frühere.

Die Erziehung aber gehört zu jenen ihrer Gebiete, die am wenigsten weit und am wenigsten tief von diesem Rationalisierungsprozeß ergriffen sind. Sie ist, nicht anders als das Heilen, so alt wie die Menschheit, noch älter sogar, denn auch bei Tieren laufen gesellschaftliche Prozesse ab, die nur als Erziehung zu deuten sind. Auch gelegentliche Reflexion und Formulierung – deskriptiv und normativ – über dies oder jenes Faktum der Erziehung ist recht alt, aber nur sehr allmählich wird solches Nachdenken umfangreicher, tiefer, kohärenter. Und sehr spät und sehr unvollkommen gewinnen diese Reflexionen, die sich zu einer Pädagogik ordnen, einen bestimmenden Einfluß auf die Erziehung. Im europäischen Kulturkreis beginnt die einigermaßen umfassende Pädagogik in der zweiten Hälfte des XVIII. Jahrhunderts, nachdem ihr Partialreflexionen, de ratione studendi der Hochschulen, des Elementarunterrichts, der Mutterschul, der Fürstenerziehung, der Erziehung vornehmer Jünglinge – was allein Lockes und Rousseaus Gedanken im Grunde bezwecken – seit etlichen Jahrhunderten voraufgegangen; und sie ist in der Gegenwart noch keineswegs am Ende auch nur ihrer Extension angelangt.

Sinn und Funktion der Pädagogik ist die Rationalisierung der Erziehung.

Aber gerade als Rationalisierungsinstanz ist sie in keimhaftem Zustand, jung, unentwickelt, unentfaltet, schwach. Ja, etwas ist in ihrem Zustand – infolge ihrer kurzen, aber recht bedenklichen Geschichte –, das die Rationalisierung der Erziehung gerade durch die Pädagogik gefährdet.

Wollen wir die fortschreitende Rationalisierung Fortschritt nennen, so vollzieht er sich in zwei Schritten. Der erste ist die geistige Tat eines einzelnen Mannes; der zweite ist die reale Veränderung des bisherigen Verhaltens von vielen, zahllosen, der Idee nach von allen Menschen. Comenius erfand das Bilderbuch; Millionen Lehrer, Mütter, Menschen verwendeten es anstatt des vorher Üblichen. Die geistige Tat – so geringfügig sie sein mag, so bedeutungslos gegenüber anderen Taten – ist ihrer Struktur nach eine solche. Sie verlangt vom Täter den Mut, sich von einer hergebrachten Anschauung zu befreien, und die Phantasie, ein Neues zu denken. Die Pädagogikleistung aber hat einen Bezug auf gesellschaftliches Tun, auf Tun in der Gesellschaft wenigstens. Der Täter muß daher noch ein Drittes leisten: die Anschauung, von der er sich befreit hat, muß unzweckmäßig gewesen sein, die neue, die er erdachte, muß sich als zweckmäßig bewähren. Was immer der Zweck sei, einer muß hier sein, denn man dichtet nicht Pädagogik, sondern denkt sie. Nur dann fügt sich seine Überwindung und seine Neuerung in die Rationalisierungstendenz, die allem Gesellschaftlichen innewohnt, nur dann gehört sie sensu strictu zur Pädagogik. Womit wohlverstanden kein Wert gesetzt, sondern bloß ein Kriterium für eine bescheidene Entscheidung gefunden ist. Der erste Teil des Zweischrittes ist individuelle geistige Leistung. Die sie vollziehen, werden durch den Namen der »großen Pädagogen« ausgezeichnet. Wie nennen sie Pädagogiker schlechthin, denn groß sind sie allermeistens nicht gewesen, und die es waren, am wenigsten als Pädagogiker.

In der Mathematik, in der Dichtkunst ist die Figur mit dieser individuellen Leistung geschlossen. In der Erziehung nicht. Unnütz zu streiten, welcher wichtiger, der erste oder der zweite Pas. Genug, sie beide erst sind die Figur, sie sind der Fortschritt. Der Pädagogiker ist in die Gesellschaft eingeflochten. Er unternimmt es, sich gegen sie zu stellen, – denn denkt er Neues, so denkt er gegen das Übliche, noch nicht Rationalisierte, gegen das Gewohnte seiner Zeit, – es ist seine Tragik oder Komödie, daß sein Tun erst ihrer

Gefolgschaft bedarf, um vollendet zu sein. Es sind alle in seinem Fall, die an Gesellschaftsdinge denken. Mit begreiflicher Ungeduld – angesichts des ärgerlichen Bildes der Kulturbewegung, die mitten in ihrem Schritt schwankend steht, in Gefahr umzufallen – fragen wir: Was bestimmt die Vollendung des Fortschrittes? Macht, Autorität, Charisma und Leistung des Täters. Übt er Herrschaft aus, so erzwingt er die Abschaffung des bisherigen, die Verwirklichung des neuen Brauches. Oder was dasselbe ist, eine Herrschaftsinstanz muß sich seiner Leistung bemächtigen und statt seiner sie erzwingen. Es ist dies ein häufiges Schicksal der Erfindungen der Pädagogiker. Wo und soweit das nicht geschieht oder dem Wesen nach gar nicht geschehen kann, findet die freiwillige Annahme durch einzelne statt, die sich bald zu großen Gruppen und gigantischen Zahlen vermehren mögen. Sie wird um so schneller sein, je mehr das Neue gestützt ist durch Autorität – der Religion etwa – oder je tiefer wirksam das Charisma des Pädagogikers ist. Sie wird schließlich abhängen vom Wesen seiner Leistung: ob seine Ablehnung ganz einfach berechtigt, ob seine Neuerung richtig, ob seine Leistung nützlich ist. Die Zusammenhänge sind kompliziert und fein gegliedert. Ich breche hier ab; denn schreibe ich weiter von ihnen, wozu Interesse und Stoff vielleicht vorhanden ist, stehe ich in einem Wirbel von Gefahren: entweder unerlaubt, läppisch zu simplifizieren oder in unverständlich konzentrierten Andeutungen zu geheimnissen oder – schlimmster Wirbel, in den es ziehen will – allgemein am breiten Ufer der Soziologie der Erziehung zu landen, von Forschern noch kaum berührter Boden, auf dem man nicht weiß, wie lange ein Entdeckungsstreifzug dauert.

Es will nur betont sein, daß die Pädagogik ihre Funktion noch weniger erfüllt hat, als nach ihrem heutigen Umfang bereits anzunehmen wäre. Wir werden daraus die Frage ziehen, was die Gründe hierfür sind. Wir werden sie zu allererst in der Pädagogik und ihren Schöpfern suchen. Denn offenbar fehlt etwas an Macht, Autorität, Charisma oder Wahrheit.

Man wird vielleicht finden, meine Argumentation sei schief. Keineswegs bestehe eine ungewöhnlich große Kluft zwischen Pädagogik und Erziehung. Auch diese habe, ein wenig langsamer, ein wenig verwickelter als jene, »denn hart im Raume stoßen sich die Dinge«, aber erfreulich und unaufhörlich im letzten Jahrhundert Fortschritte gemacht, und man wird sich vielleicht erbieten, dies an der Geschichte des Schulwesens zu beweisen. Darauf helfe ich mir und unserer Sache weiter, indem ich zunächst auf Präzision in terminologischen Dingen bestehe. Und zwar auf einer, die in theoria nicht im geringsten fraglich ist, die jeder zugesteht, daß nämlich Unterricht nicht dasselbe sei wie Erziehung, und Unterrichtslehre, Didaktik, demnach nicht das gleiche wie Pädagogik. Völlig unbestritten ist diese Unterscheidung. Ebenso völlig mißachtet. Man spricht von Erziehung, man weiß, erklärt, daß Unterricht nur ein Teil von ihr sei, und bleibt des weiteren ausschließlich bei *seiner* Erörterung, hat ihn allein vor Augen. Ja, niemand wird zögern, im System der Pädagogik nur einen eng abgemessenen Raum der Didaktik neben vielen anderen, zum Teil wichtigeren, geräumiger unterzubringenden Disziplinen zuzuweisen, und doch ist sie allein bequem, luxuriös geradezu untergebracht, und alles übrige muß in einer winzigen, dunklen Kammer hinsiechen. Ich gönne der Didaktik ihren Lebensstandard, ich will sie nicht als unförmigen Auswuchs an der kümmerlichen Mutter Pädagogik beschimpfen, aber ich wünsche *deren* grandiose Entfaltung, so daß die Proportionen in ihrer natürlichen Schönheit gewahrt bleiben.

Dennoch ist der Hinweis auf die Didaktik dankenswert. Ihre Beziehung zum Unterricht ist tatsächlich wesentlich näher dem Durchschnitt von Rationalisierung, den unsere Gesellschaft erreicht hat, als die der übrigen Pädagogik. Und dieser Gegensatz ist überaus lehrreich. Er ist höchst erstaunlich denn er widerspricht strikte einer Annahme, die weit-, beinahe allverbreitet und dennoch erkenntnisverhindernd ist. Man, wir alle sind es, ist geneigt, den Ausbildungsgrad, die erreichte Höhe einer Wissenschaft, Kunst oder Kunstfertigkeit in direkter Abhängigkeit von den Qualitäten der Menschen zu denken, die sich ihr widmeten. Nur unwesentlich korrigiert ist solche Neigung durch ein vages Zugeständnis von gewissen fördernden und hemmenden Einflüssen des Zeitgeistes, der Gesellschaft, wirtschaftlicher Faktoren. (Diese leichte Unsicherheit ist Folge der Marxschen Einsichten; aber nicht mehr als Ahnung von peripheren Kräften, die weiter nicht einzusetzen sind, für den Gemeingebildeten.) Und nun ist zweifellos: es gibt keinen Didaktiker, der über seine Leistung hinaus sichtbar geworden wäre, der menschliche Größe aufwiese, der irgend ein Interesse an sich und seiner Sache über den engsten Kreis der Fachgenossen hätte erwerben können. Charisma ist ihnen nicht geschenkt. Und trotzdem ist in dem Sinn, den wir hier vergleichen, ihre Wirkung größer als die der bedeutenden Pädagogen, unter denen sich Gestalten von Format und hoher Qualität finden – wenn auch keiner zu den Größen ersten Ranges gezählt werden darf.

Freilich fördert die Wirkung der Didaktiker, daß sie Autorität von Größeren leihen, als sie selbst sind. Denn diese, Comenius, Rousseau, Pestalozzi etwa, weit davon entfernt, Didaktiker zu sein, haben doch die Grundsteine für den Bau der Unterrichtslehre gelegt; mancher entscheidende, revolutionierende Anstoß ging von solchen Denkern aus, die nur gelegentlich, für kurze Zeit, durch ein einziges Werk sich der Didaktik zuwandten. Unter deren Namen wird das Werk geführt. Man muß aber die Förderung, die die Didaktik durch diese ihre Schutzpatrone erfährt, nicht zu hoch einschätzen. Der Bezug ist beinahe umgekehrt. Da ist der Mann Pestalozzi, liebenswürdigste Menschengestalt, groß als Gemüt und Seele, ungewöhnlicher Geist, mit außerordentlichen bindenden und erziehenden Kräften begnadet. Sein halbes Leben – ein Halbjahrhundert fast – Kindern gewidmet. Und es war ihm gegönnt: wahrhaft revolutionäre Ideen und Erfindungen sind ihm geglückt. Und von dieser Fülle ist ein einziges in die Realität der Erziehung übergegangen, dieses auch zur Unkenntlichkeit schon von der ersten Schülergeneration entstellt, aber doch eben von ihm ausgegangen, sein didaktisches Werk. Sein nebensächlichstes gewiß, sein falschestes vielleicht und vor allem jenes, das von ihm selbst nur im Zusammenhang des größeren, gesamten Werkes als ein Werk, wenn auch als recht geringes, eingeschätzt wurde. Das gibt zu denken. Tausendfach, weil dies typisches Schicksal der Lehren großer Pädagogen ist.

Für die *Wirkung* der Didaktik, wie wir abgekürzt und kaum mißverständlich für jenen zweiten Schritt des Rationalisierungsprozesses sagen, ist demnach nicht das Charisma des schaffenden Einzelnen entscheidend. Diese Tatsache rückt die Didaktik in den gesellschaftlichen Rang der Bienenzucht etwa, wird man verächtlich sagen. Gewiß, doch keinerlei Mißachtung ist am Platz. Sie rückt die Didaktik in den Rang eines bescheidenen, sachlichen Mittels zu entwickelnder Umgestaltung eines vorhandenen gesellschaftlichen Brauches aus seinen (zweckbezogen) irrationalen Traditionen zu rationalem Tun oder auch Lassen. Die Bienenzucht mag in der Staffel der Gesellschaftswerte tief unten, die Didaktik mag ganz oben auf goldenen Stühlen thronen – manche lieben Honig und hassen die schmähliche Bemühung, Kindern das beizubringen, was sie durchaus nicht lernen wollen; aber vielleicht sind dies Sonderlinge – dies verlangt seine eigene Prüfung. Sicherlich aber ist die Bienendidaktik, die Honig verspricht und deren Befolgung dem Adepten Honigsegen bringt, besser als Philosophiedidaktik, bei der die Kinder dumm bleiben. Aber schließlich ist das Geschmacks-, nämlich Wertungssache. Entscheidend wird sein, ob die Didaktik sich diesem Rahmen, der ihr gesetzt zu sein scheint, einfügen will; ob sie sich bescheidet, zu sein, was sie sein kann, und dies dann voll, vollkommen und vollendet zu werden; oder ob sie über diesen Rahmen hinaus will – hinauf wird sie meinen –, aber in Wahrheit in lächerlicher Aufgeblasenheit das Höhere gewiß nicht, und ihr eigen Teil auch nicht erfüllen wird.

Aber wir gingen ja davon aus, daß der Didaktik ein gut Stück Rationalisierung gelungen ist, sie ihre Aufgabe, ihre Möglichkeit in Angriff genommen hat, und daß sich dies ereignet, – obgleich ihr die großen Menschen fehlen; – sie höchstens die Wendepunkte bezeichnen. Es liegt das vor allem an zwei Tatsachen: die Mitarbeiter am Werk der Didaktik wachsen aus einer bestimmten Berufsgruppe; und ihre Aufgabe ist präzis und kontrollierbar. Wo immer wir fortschreitende Rationalisierung gesellschaftlichen Tuns sehen, ist sie an diese beiden Bedingungen geknüpft. Der Unterricht liegt in Händen des Lehrers; Unterrichten ist eine Berufstätigkeit. Die Didaktik ist die Anweisung für diesen Beruf, ist Berufslehre. Ganz anders die Erziehung. Sie liegt auch nicht zum geringen Teil bei einer Berufsgruppe. An ihr sind zahlreiche Kräfte verschiedenster soziologischer Situation beteiligt – wir werden die Analyse dieser verwickelten Beziehungen noch in Angriff nehmen müssen – in erster Linie die Eltern, die zwar einen Beruf haben, aber nicht den: Kinder zu erziehen.

Die Aufgabe des Lehrers ist präzis: er hat zu unterrichten, und zwar einen bestimmten Stoff, in einer bestimmten Zeit, an bestimmte Kinder. Der Erfolg seiner Tätigkeit ist kontrollierbar. Jederzeit ist feststellbar, ob die Schüler den zum Prüfungstermine fälligen Stoff beherrschen. Der Lehrer wird durch Prüfung seiner Schüler geprüft. Die Verhältnisse liegen hier denkbar erfreulich, einfach, klar, übersichtlich. In der Realität, heißt das. Die Pädagogik gibt sich äußerste Mühe, diese nüchterne Einfachheit ideologisch zu verzieren, diese harte Klarheit armselig zu vernebeln. Sie verlangt z. B., der Lehrer solle nicht nur unterrichten, sondern auch vor allem: erziehen. Nur eben leider, daß sie nicht zu sagen weiß, wie das zu geschehen habe, während die Didaktik sehr viele Methoden kennt und lehrt, durch die de facto, unerörtert, ob sie die besten sind, die überwiegende Mehrheit aller Schulkinder der Welt das Lesen erlernen; nur leider, daß sie kein Kriterium besitzt, festzustellen, ob dieser kleine Junge oder jenes kleine Mädchen »erzogen« ist, während die Güte der Didaktik mit wenigen Fragen geprüft werden kann: hier lies dieses Buch und zeige, ob Pestalozzi recht hat, der dich lesen gelehrt hat. In so gefährliche Dilemmas gerät die Pädagogik: wenn etwas an ihren Lehren Erkenntnis ist, so gewiß jene, die zeigt, daß in dieser Schule, wie sie nun eben ist, der Lehrer nicht erziehen kann – und sie fährt fort, anstatt andere Schulen zu erzwingen, vom Lehrer zu verlangen, er solle mehr tun, als bloß unterrichten.

Der Lehrer möchte dies von Herzen, wenn es erlaubt wäre, jenen, der aus idealen Motiven Lehrer wurde, als den Lehrer zu bezeichnen. Aber indem er Lehrer wurde, traten zu den idealen Motiven, die ihm jenen Wunsch diktieren, die sozialen und ökonomischen Motive, die bei den anderen für die Berufswahl entscheidend waren, hinzu und werden nun seine Motive, Lehrer zu bleiben, die Laufbahn, die innerhalb dieses Berufes offen ist, zu erfüllen. Angesichts der faktischen Unmöglichkeit, mehr zu tun, als zu unterrichten – und dies scheint ihm zu wenig, wir sprechen ja von den Hochmütigen –, hat er die Wege frei: sich zu täuschen (wie leicht ist das! weiß der Lehrer doch nicht, was die Kinder außer seinen Stunden denken) und zu glauben, er verwandle ihre Charaktere im Sinne seines erhabenen Erziehungszieles; oder sich zu sorgen, sich zu verachten, herabzusetzen, zu verärgern und zu verbittern im Laufe der Jahre; oder auf die höheren Aufgaben zu verzichten und sich zu bescheiden, ein Unterrichter zu sein. Jeder Weg findet seine Wanderschar. Aber, wie immer er sich abfinde, eins muß er leisten: erfolgreich unterrichten. Und demnach von der Didaktik Gebrauch machen, sein Tun rationalisieren, festhaltend an dem ihm Überkommenen, er verhindert so Rückschläge vom erreichten Rationalisierungsstandard; oder neuernd, sei es selbstschöpferisch, sei es den zeitgenössischen Schöpferischen folgend, er fördert so zu seinem Teil den besagten gesellschaftlichen Prozeß.

Durch den Beruf – seine ökonomisch-sozialen Gegebenheiten – erzwingt sich die Gesellschaft von einer zahlreichen Menschengruppe, alle ihre individuellen Neigungen und Motive nivellierend, eine bestimmte Leistung auf einem bestimmten Rationalisierungsstandard. Ob einer Lokomotivführer wurde, weil sein Kindertraum der Bändigung des Maschinenungeheuers galt, oder weil sein Vater oder Onkel es war oder nicht wünschte, weil das Einkommen groß oder das Ansehen beträchtlich ist, weil es ihn lockt, ferne Länder zu sehen oder fremde Menschen hin zu führen, ob er enttäuscht oder befriedigt ist, resigniert oder hoffend – er führt seine Lokomotive sicher und arbeitstäglich von Remise zu Remise. Und nur auf diese Leistung kommt es der Gesellschaft an, um ihretwillen wird er entlohnt, und über sie hinaus darf er völlig frei sich freuen oder verzweifeln. Diese Leistung oder Hungertod ist letzten Endes die Alternative. Wo Gründe sind, die geforderte Leistung zu verschleiern, braucht es nur dieses Kriterium, um sie recht zu erkennen: was leistet der Beruf? Das Schulprogramm verlangt einleitend vom Lehrer die Erziehung zum sittlich-religiösen Menschen – und zählt dann die Fächer und den Stoffplan auf. Keineswegs leistet der Lehrerberuf die einleitende Forderung. Der sittlich-religiösen Menschen gab es anno 1224 kaum weniger als 1924. Aber damals gab es so viel des Lesens Kundige – vielleicht – als heute Analphabeten. Der Gesellschaftsgott lächelt verschmitzt – es kränkt ihn nicht; er ist nicht böse auf seine Lehrer. Sie taten ihr möglichstes und ärgerten und mißachteten sich brav. *Er* wollte ja nicht mehr, als daß sie ihn von Analphabeten befreiten. *Sie* wollten das von den sittlich-religiösen Menschen. Er gönnt ihnen den Spaß. Sie hätten sich vielleicht sonst gar nicht bemüht für 1200 Mark das Jahr.

Die Präzision und Kontrollierbarkeit der Aufgabe und die Berufssituation des Lehrers fördern die Rationalisierung des

Unterrichtes in erster Linie. Sie führen zur Verwirklichung der theoretischen Rationalisierung: Didaktik. Diese selbst verfährt prinzipiell wissenschaftlich. Sie ist keine Wissenschaft, wenn wir das Wort in einem terminologisch strengen Sinn fassen, sie mag Teil einer Wissenschaft sein oder Teile verschiedener Wissenschaften zu einem praktischen Zweck, nach einem praktischen Einteilungsgrund zusammenfassen – jedenfalls hat sie nahe Beziehung zur Wissenschaft und arbeitet mit wissenschaftlicher Methode und wissenschaftlicher Fragestellung. Sie verfährt empirisch und diszipliniert; und sie geht auf die Feststellung gesetzlicher Zusammenhänge aus. Wenn ein Lehrer behauptet – oder in einer traditionellen Lehrweise solche Behauptung impliziert ist –, den Schüler eine Regel merken zu lassen, sei nötig, sie ihm dreimal vorzusprechen, so wird sie diese Behauptung prüfen, indem sie genügend zahlreiche Erfahrungen sammelt, und es wird für sie entscheidend sein, ob die Behauptung sich empirisch als zu Recht erweist. Sie wird dabei völlig absehen davon, ob die Tradition dies Verfahren geheiligt hat, ob es dem Temperament, den Wünschen, der Bequemlichkeit des Lehrenden entspricht, sie wird bemüht sein, Fehlerquellen, insbesondere die aus der Subjektivität fließenden, zu verstopfen, sie wird ihr Ergebnis vermittels disziplinierten Denkens erreichen und sichern, im Gegensatz zum naiven, das von subjektiven Erfahrungen, Wünschen, Normen durchsetzt ist und das das traditionelle Verfahren und Meinen fundierte. Sie wird aber zugleich dahin tendieren, ihre Ergebnisse allgemein zu sichern, über Lernen, Interesse und alles, was damit zusammenhängt, zu gesetzlichen Einsichten zu gelangen.

So wäre also die Didaktik eine musterhafte Disziplin der Pädagogik? Es kann nicht so sein, denn die didaktische Literatur läßt trotz allem letztlich und tief unbefriedigt. Formal: die bescheidene Hingabe an ein Sachliches; das harte Bemühen im Wirbel der Affekte, im dichtverflochtenen Beieinander von Wunsch und Gedanke, das subjektive Erwarten und Werten zurückzudrängen; das Mittendrinstehen in unendlichen Zusammenhängen und unübersehbar zahllosen Bezügen bei der Betrachtung auch des winzigsten Bruchteils der Realität, der Forschungsgegenstände; die unvergeßliche Einsicht in die Fehler und Grenzen unserer Methoden und unseres Geistes; das bleibende lebhafte Gefühl von noch nicht gedachten Möglichkeiten – wir sind gewohnt, wir verlangen einen Niederschlag all dessen, einen Abglanz dessen in der bescheidensten, periphersten, unwichtigsten wissenschaftlichen Untersuchung zu finden, und wir entbehren diese reizvolle Patina der wissenschaftlichen Echtheit am gesamten didaktischen Schrifttum, es starrt uns nackte Langeweile entgegen. Und solch Eindruck aus der ästhetischen Sphäre – oder reicht er nicht doch aus der tieferen, sittlichen, hervor? – macht uns mißtrauisch gegen den Inhalt. Läßt uns inhaltlich unbefriedigt. Uns schreckt der Aufwand, er hat nichts Glaubwürdiges. Es wehrt sich etwas in uns, zu glauben, hinzunehmen, daß Rechnen, Lesen, Schreiben, Modellieren – daß dies alles so verzwickte, so undurchdringlich schwierige Künste sein sollen, daß drei Folianten von 1500 Seiten, Extrakt von 120 Seiten Bibliographie, gerade genug zur Einführung in diese Wissenschaft sind. Aber wir erschrecken nicht minder, sind ebenso keinen Augenblick vom Gefühl der Unglaubwürdigkeit und Inadäquatheit verlassen, weil alles so schrecklich einfach ist, so lächerlich simpel ist: ein halbdutzend einfacher Tests – und Intelligenzalter, Entwicklungsstufe, Zukunft und Begabung sind amtlich bescheinigbar. Wir protestieren hier wie da. Oder sind wir unwissenschaftlich bei solchem Verhalten? Gestatten wir undiszipliniert – Affekten Einbruch in die Wissenschaftssphäre?

Nun, es läßt sich erweisen, daß die Didaktik bescheidener ist, als sie sein dürfte, und daß es auf der falschen Seite ist, daß sie haltmacht mit ihrem Prüfen und Rationalisieren, wo noch keine Grenze für wissenschaftliches Denken ist, daß sie heteronom ihren Grundriß zieht, Halb- und Viertelwert hat und darum entschieden des Kriteriums wissenschaftlicher Haltung entbehrt: der Autonomie des Denkens, und so gebrochene Linien zeigt. Es ist eine amüsante Detektivgeschichte. Der Mörder ruft Polizei und Detektive und läßt sich suchen. Kein Schimmer Verdacht fällt auf ihn, denn er scheint das Übermenschliche zu tun, die schreckliche Tat aufzuklären, und genießt ihre Früchte im Rummel der abgelenkten Spürer. Die Schule ruft die Didaktik zu Hilfe und diese, im Respekt vor ihrer Herrin – nun, das Bild wird allgemach unbrauchbar schief –, findet nicht, daß diese Herrin die Übeltäterin ist. Bildfrei: Im Laufe der letzten Jahrhunderte entstand durch fortgesetzte Um- und Neubildungen ein System von gesellschaftlichen Einrichtungen, dessen Zweck der Unterricht der Kinder ist: das Schulwesen, eine breite und komplizierte Institution, ein System von Einrichtungen mit seinen bestimmten Prinzipien und Strukturen. Als Ganzes übt es bestimmte Wirkungen auf die heranwachsende Jugend aus, auf die in ihm heranwachsende, und ebenso auf die außer ihm lebende. Die Tätigkeit des einzelnen Lehrers, sein Unterrichten ist bloß ein Faktor in dem Ganzen dieser Wirkungen. Wir wüßten nicht einmal sicher zu sagen, welche Bedeutung ihm zukommt. Und nur mit ihm befaßt sich die Didaktik, ja nur mit seinem bewußten, auftragsgemäßen Tun. Alles andere bleibt jeder empirischen Prüfung, bleibt dem disziplinierten Durchdenken entzogen. Es wird hingenommen wie ein gottgewolltes Schicksal alles Unterrichtens, daß es im Rahmen des heute, des jeweils gegebenen Schulwesens verläuft; und nicht einmal die Frage wird gesehen, welche Rückwirkungen dieser Rahmen auf den Unterrichtsprozeß hat. Indessen die Didaktik versucht, den Unterricht des einzelnen Lehrers – gelegentlich auch die Disziplinführung in der Klasse – zweckrational zu denken, bleibt die Schule als Ganzes, das Schulwesen als System ungestört, ungedacht; dürfen sich in ihm alle irrationalen Kräfte auswirken, die seine Voraussetzung, seine Triebkräfte, seine Determinanten sind. Diese Lücke müßte die Didaktik erst schließen, ehe sie den Anspruch erheben kann, ernst genommen zu werden;

wenn sie als theoretische Rationalisierungsinstanz ihren autonomen Umfang erreichen will. Sie muß sich durch eine Disziplin ergänzen, die man Instituetik nennen könnte. Sie hätte zweckrational die Institution, die wir in ihrer Gänze Schulwesen nennen, umzudenken. Wieviel dann überhaupt von heutiger Didaktik übrigbleibt, wer will das wissen? Aber es genügt, einen Augenblick lang die Teilung des Kindeslebens auf Schule und Familie, bzw. deren Ersatz in Gasse und Verein, die Gruppierung der Schüler nach Altersklassen und Schulsprengel, die klassenbedingte Festsetzung des Lehrziels, die quantitative Aufteilung des Stoffes auf Jahres- und Stundenportionen, es genügt, nur dies Sichtbarste einen Augenblick nicht als unumstößliche Gegebenheit ehrfurchtsvoll zu betrachten, und es taucht ein Gesicht von Didaktik auf, das nichts mehr von der letztlichen Unglaubwürdigkeit und Verdächtigkeit der heutigen sehen läßt.

Die Institution Schule ist nicht aus dem Zweck des Unterrichts gedacht und nicht als Verwirklichung solcher Gedanken entstanden, sondern ist da, *vor* der Didaktik und gegen sie. Sie entsteht aus dem wirtschaftlichen – ökonomischen, finanziellen – Zustand, aus den politischen Tendenzen der Gesellschaft; aus den ideologischen und kulturellen Forderungen und Wertungen, die dem ökonomischen Zustand und seinen politischen Tendenzen entsprangen; aus den (zweck-) irrationalen Anschauungen und Wertungen, die die psychische Beziehung alt – jung, die Bürgerschaft in einer bestimmten Gesellschaft, in einer bestimmten ihrer Klassen, unbewußt und unkorrigiert erzeugt. In welcher Richtung immer diese Kräfte wirken mögen, es ist von vornherein unwahrscheinlich, daß sie die Erreichung des didaktischen Zweckes garantieren, es ist nicht einmal wahrscheinlich, daß sie ihm neutral gegenüberstehen. Sondern es ist sehr zu erwarten, daß sie ihn vielfach brechen und ablenken. Jedenfalls ist es wissenschaftlicher Haltung nicht angemessen, solche Möglichkeit, solche höchste Wahrscheinlichkeit ungeprüft zu lassen. Die Unerschrockenheit, Konsequenz, innere Geschlossenheit, die das Zeichen wissenschaftlicher Bemühung ist, fehlt darum der Didaktik.

Schlimmer noch, sie gerät in eine lächerliche, und von der revolutionären Pädagogik her gewertet, verbrecherische Situation. Und zwar durch eine der bitteren Paradoxien, deren die Geschichte der Pädagogik so reich ist. Das Schulwesen hat offenbar Wirkungen, die über den eigentlichen Unterricht weit hinaus reichen. Die Schule – als Institution – erzieht. Sie ist zum wenigsten *einer* der Erzieher der Generation; einer jener Erzieher, die – zum Hohne allen Lehren der großen und kleinen Erzieher, zum Hohne allen Lehr- und Erziehungsprogrammen, allen Tagungen, Erlässen, Predigten – aus jeder Generation eben das machen, was sie heute ist, immer wieder ist, und gerade nach jenen Forderungen und Versprechungen ganz und gar nicht sein dürfte. So wenig Einsicht haben wir in die eigentlichen Bildungs- und Erziehungsprozesse der Gesellschaft, daß wir nicht zu sagen vermögen, welchen Anteil das Schulwesen an dem schließlichen Resultat der vereinten Bemühungen geheimer Kräfte hat. Aber wer wollte zweifeln, daß es einen hat. Nur freilich, leider, einen anderen als man, als die Schule von sich selbst behauptet. Wenn aber die heutige Generation von je und heute das Erziehungsresultat der Schule ist, ich finde, daß es nichtswürdig ist, und auch die revolutionäre Pädagogik findet das, sieht sie doch als ihr Ziel die Veränderung dieser Generation, ihre gründliche Vernichtung an. Welcher Pädagoge und Didaktiker hat den Mut, sich zu diesem Resultat zu bekennen? Vielleicht gibt es nicht einmal einen, der mit solchem mutigen Bekenntnis, wenn er es ablegte, seine wahre Meinung äußerte. Und das ist die Lächerlichkeit der didaktischen Situation. Da denkt, schreibt, experimentiert, agitiert sie redlich und fleißig – und sieht nicht, daß ihr Tun unnütz ist, weil es am falschen Ort geschieht. Zugleich aber – und das ist das Verwerfliche – erhält sie das Bestehende, indem sie, selbst abgelenkt und abseitig tätig, Aller Aufmerksamkeit vom Feinde ablenkt. Aller Arbeitskraft nutz-

los vergeudet. Nein, nicht erfolglos. Dient es doch dem gesicherten Bestand des Bestehenden.
Der Verfolg der Eindrücke aus den formalen Eigenschaften der Didaktik hat uns hierher geführt. Bis an ihre wirkliche Grenze, weit jenseits der unsichtbaren Zäune, in die sie ihr Arbeitsfeld allzu eng eingespannt duldet. Ich darf meine Vorwürfe kurz zusammenfassen, die sich aus dem Inhaltsfehler der Didaktik ergeben. Hier geht sie zu weit. Hier ist sie mutig. Hier sieht sie mit paradoxer Optik berghohe Wände nicht, denn sie hat sie mit einer flachen Phantasielandschaft bemalt, deren Horizonte sie für den wirklichen hält. Sie nimmt das Schulkind, die seelische Oberfläche, die das Schulkind sich aufdecken läßt, für des Kindes Seele. Weil die Schule des Kindes Leben und Lernen trennt, weil die Schule dies lebendigste Lebewesen zwingt – in ihren Räumen – ein intelligentes oder dummes, aber ein Lernwesen zu sein, meint die Didaktik, was sie vom Lernen in der Schule feststellt, sei Einsicht in das Lernen, in das Leben des Kindes überhaupt. Und meint, in der Psyche des Kindes gäbe es einen säuberlich abgetrennten Bezirk für Lesen, Schreiben, Rechnen, Handfertigkeit und Religion, und untersucht die Vorgänge in diesem Bezirk, und hält die vorgefundenen Regeln für seelische Gesetzmäßigkeiten. Und sieht nichts vom Bios des Kindes, seinen Trieben, Wünschen, Idealen, nichts von seiner Lust und nichts von seinem Haß gegen den Lernbezirk. Ich halte nicht für unnütz, das Kind unter den krausen Bedingungen zu beobachten, die die Schule bietet, ein lehrreiches vielleicht, ein lebensfremdes Experiment gewiß. Allein man muß wissen, was man dabei tut. Die Didaktik weiß aber auch hier nicht, was sie tut. Gott verzeihe ihr. Ich kann es nicht.
So beurteile ich die Lage des musterhaften Teils der Pädagogik. Es wird mir Mühe machen, über den Rest, den an Umfang und Schätzung bedeutenderen, auf wenigen Seiten so viele der Vorwürfe zu häufen, sie aus der unendlichen Fülle so geschickt zu wählen, sie so spitz zu formulieren, daß

der Leser, durch die Menge und Art der Argumente bestrickt, vergißt oder verzichtet, ihre sorgfältige Begründung zu fordern. Denn wie könnte diese in einem dünnen Büchlein gegeben werden? Ja, wie ist diese umfassende und tiefgreifende Fundierung überhaupt einem Einzelnen möglich? Zumal er ständig in Gefahr wäre, durch die ihn umgebende Mauer von – wie er meint – Vorurteilen beim sorgfältigen, gerechten Abwägen abgelenkt zu werden. In seiner Situation kann nur eine gewisse unbekümmerte Impetuosität das Einhalten der Richtung sichern. Sie ermöglicht zudem, die Zahl der Vorwürfe auf einige wenige – beispielhafte – einzuschränken.

Anders als ihre Teildisziplin Didaktik, ist die gesamte Pädagogik in keinem Sinn und in keinem Maß wissenschaftlich. Dieser Satz gilt wörtlich. Kein Dutzend unbekannter Aufsätze, kein halbes Dutzend kleiner schlechtgekannter Büchlein widerspricht ihm. Und diese Kleinigkeiten sind zager Ansatz, Versuch zum Ansatz. Man wird erlauben, wenn ich diese paar Dutzend Seiten aus der pädagogischen Literatur – vorläufig und der Einfachheit wegen – streiche. Ausnehmen will ich noch die Geschichte der Pädagogik. Sie soll uns in anderem Zusammenhang beschäftigen. Was übrig bleibt – o heilige Comeniusbibliothek im ordentlichen Leipzig, wie hütest du wohlgeordnet diese Hunderttausende von Büchern! – es sei sein Wert welch höchster Kategorie immer, vom Geist der Wissenschaft ist es verlassen.

Beginnen wir mit den Großen, den Pädagogikern – ich sehe ein, das Wort ist nicht schön, es ist aber gut, denn es warnt uns, die größte Größe zu erwarten, das angehängte -iker, unbeabsichtigt klappert es doch ein wenig Verkleinerung nach. Und beginnen wir mit einer ehrlichen Reverenz. Gestehen wir zärtliche Liebe zu Pestalozzi und Jean Paul, nicht nur zu ihren hübschen Rokoko- und Empirebändchen, zu Gesicht und Handschrift, nein, zur Gestalt, zum Leben, zum lebendigen, wirkenden Menschen; gestehen wir tiefe Ehrfurcht vor dieser steifen, ungebrochenen Fichte-Rede, -Denkphantasie, -Lebensgewalt; gestehen wir noch erschrockene, befremdete Achtung vor der unerschöpflich geistreichen Krankheit des fürchterlichen Rousseau. Und ist nicht mehr wie Rührung, ist nicht ein Stück Neid und Sehnsucht beim Schnepfenthalischen Idyll Salzmann, mehr sogar noch als bloßes Amüsement beim krausen Reklamehelden Basedow, spürt man nicht das kluge und gütige Auge Komenskys, das den ganzen Orbis pictus sah, welch würdiger Bart umrahmt es? Und steht nicht jeder an der Spitze einer Schar Ähnlicher, durch Zufall der Geschichte nur dem Gelehrten noch mehr als nach Namen bekannt, mit denen uns Gefühle der Achtung, Rührung, Verehrung verknüpfen? Ihnen allen ehrlichste Reverenz. Aber wir sind nicht zusammengekommen, der Leser und der Autor, um zu verehren, nicht einmal um höflich zu sein, am wenigsten um zu schonen. Ihnen schadet es nicht mehr, vielleicht wird es zu guter Letzt zu ihrer Lehren Nutzen ausgehen. Und schließlich: Donnerwetter, wie hätten sie mich mißhandelt, so zwischen anno 1650 und 1850, hätt' ich mich damals nur gerührt. Nicht einmal Reverenz hätt' ich zum guten Beginnen bekommen. –

Schon die völlig fehlende empirische Basis bei einer Reihe von sehr bedeutenden und einflußreichen Pädagogikern stützt die Allgemeinheit des Vorwurfes der Unwissenschaftlichkeit. Da ist Rousseau, der sein Lebtag nicht anders mit Kindern zu tun hatte, denn als unwilliger Vater oder flüchtiger Zuschauer. Da ist Fichte, Herbart, Basedow, Jean Paul, deren Lehren auf dem kümmerlichen Ansatz einer Empirie ruhen, den Hauslehrerschaft, Hofmeisterwürde bei zwei, drei oder selbst zehn Kindern in vielfach abgelenkten Studienjahren gewährt. Wunderliche Astronomen, die nachts fest schlafen und sich morgens von Sternen erzählen lassen, um nach Tische über sie zu denken und zu schreiben. Pädagogiker, die keine Kinder kennen, oder nur so vom Hörensagen, flüchtig aus der Ferne und Vergangenheit, bestenfalls dieses und jenes aus persönlichem und nahem Umgang.

Wer immer über Kindheit oder Jugend denkt, steht unter

einer psychischen Konstellation, die das reine Denkergebnis affektiv gefährden will. *Ein* Kind kennt er mit unvermeidlicher Aufdringlichkeit und Lebendigkeit: sich selbst als Kind. Und diese Kindergestalt ist ein Apriori, das er jeder Erfahrung von anderen Kindern als gebieterisches Prokrustesbett voranhält, sie völlig zerstückelnd und verstümmelnd. Und – Gipfelpunkt der Gefahr – völlig harmlos und unbewußt, in gutem Glauben, bei gänzlich schweigendem intellektuellem Gewissen. Wäre die Erinnerung an die eigene Kindheit treue Reproduktion eines Objektes, wie sich einer etwa zu Hause sizilische Landschaft, vor Jahren gesehen, sei es auch mit allen Affekten genossen, treu in Farbe und Gestalt vergegenwärtigt, so wäre sie zwar unzulängliche Basis einer Verallgemeinerung, aber doch deren Ansatz. Unsere erinnerte Kindheit ist aber weit entfernt davon, treue Erinnerung zu sein, sie ist Tendenz, entstanden in den tiefsten Seelenwirbeln des Lebens, festgehalten, ausgestaltet als Waffe gegen mächtige Feinde innerhalb der eigenen Seele in lebenslänglichem Kampfe. In einem Kampf, dessen Ziel gewiß alle Mittel heiligt. Was bedeutet hier Wahrheit, Erkenntnis. Sie haben nichts mit dem Ziel gemein, sie kommen als Mittel gar nicht in Frage.

Unsere bewußte Kindheitserinnerung hat zu Elementen isolierte Reste realer Erlebnisse, deren Zusammenhänge durch die Verdrängung zerrissen sind. Sie entstehen in den Zeiten des definitiven Ichaufbaues, in der Pubertät, etwa nach den Methoden gewalttätiger Herrschaft: was mit dem Bauplan nicht übereinstimmt, was zum gewollten Bild nicht paßt, wird vernichtet. Und wieviel kann dem neuen Ichideal der Pubertät, das sich gegen die ganze Kindheit wendet, vom kindlichen Tun, Denken, Fühlen recht sein? Es ist ja der Zweck des neuen Persönlichkeitsaufbaues, die frühere Lebensstufe zu überwinden, sie also spurlos – möglichst – zu vernichten. Diese isolierten Reste werden nun verbunden, ergänzt durch Überarbeitungen der realen Vergangenheit, von solcher Intensität, daß tatsächlich etwas entsteht, das jener zerstörten

Wahrheit wie Dichtung gegenübersteht. Nicht die Fakta des äußeren Lebens sind hier gemeint, obzwar auch sie nicht allgemein ausgenommen werden müssen, sondern die innere Struktur des seelischen Lebens. Und das Ganze ruht auf einem Grund, von dem nicht eine Spur mehr sichtbar blieb. Die ersten Jahre sind völlig vergessen. Stellt man ein Stück von ihnen im Bewußtsein wieder her, so zeigt sich, daß dieses Urvergessene den geheimen Bauplan der erhaltenen Reste bestimmt. Sie stehen an wichtigen Stellen, sie decken unerkennbar und harmlos dem nicht analysierenden Bewußtsein Stellen stärksten psychischen Kampfes, Tatsachen, die zum erinnerten Bild in bedrohlichem Widerspruch stehen. Daß solch lückenhaftes, entstelltes Bild von der eigenen Kindheit keine zulängliche Basis für wissenschaftliche Einsicht ist, leuchtet ein. Und doch ist die Gefahr, die dies natürliche Seelenprodukt, der naive Begriff von Kindheit, der Pädagogik bringt, noch nicht erschöpft.

Wir wollen nicht übersehen, daß es Triebe, heftige infantile Wünsche sind, die der Verdrängung verfielen und durch die naive Anschauung über die Kindheit verdeckt werden. Und Triebe, infantile Wünsche sind unsterblich. Tausendmal verdrängt, sie bleiben lebendig, und unkenntlich entstellt in Form und Ziel, drängen sie unermüdlich nach Befriedigung. Auch im Pädagogiker. Auch während seines Denkens und Schreibens. Da ist einer, der – allein vom Wissen um seine eigene Kindheit geleitet – seine leidenschaftliche, triebwilde Kindheit verdrängend, zur Verherrlichung des idealen Kindes, der Kindheit als idealen Zustands gelangt: »Alles ist gut, wie es aus den Händen des Urhebers der Dinge kommt«, so wertet er das Resultat der Verdrängung, und zugleich ist den verdrängten Triebansprüchen Befriedigung geworden, die infantile Aggression gegen die erwachsenen Unterdrücker tobt nun entstellt: »Alles artet unter den Händen des Menschen aus.«

Da ist ein anderer, dem es sauer geworden sein mag, die ichideal-konträren Impulse zu bewältigen – durch Verdrängung natürlich –, auch seine Kindheitserinnerung enthält nicht mehr als harmlos boshafte Streiche, aber das Fazit aus den Pyrrhussiegen in der eigenen Seele ist in der Einsicht gezogen: »Hast du Kinder, so zeuch sie und beuge ihren Hals von Jugend auf. Welche Eltern umb die Kinderzucht nicht bekümmert seyn, sondern ihre Ehepflantzen als wilde Ranken daher wachsen lassen, sind nicht werth, daß man sie Thiere, geschweige den Menschen nenne.« Und die gleiche infantile Aggression ist nun auf das Kind, auf die anderen, seine Kinder gerichtet und tobt gegen sie, und wäre es auch bloß auf dem Papier, wie bei jenem gegen die Erwachsenen.

Der naive Kindheitsbegriff ist von geheimer Tendenz durchtränkt, Tendenz des jungen Ichideals gegen seine kindliche Vergangenheit, Tendenz des erwachsenen Ich gegen die nicht erledigten, sondern bloß verdrängten infantilen Triebe, Tendenz des Denkenden gegen seine Objekte, die Kinder und ihre Erzieher. Er durchdringt mit Wertung die Sphäre des Tatsächlichen, auf ihm basiert nicht allein die Vorstellung des Pädagogikers vom Kinde, sondern zugleich auch die Konsequenz dieser Vorstellung, der Grundriß des Erziehungssystems. Unbewußte, erkenntnisfremde, unkontrollierbare Einmischung der Affekte findet im Zentrum des pädagogischen Systems statt. Kein sichereres Kriterium gegen die Wissenschaftlichkeit eines Gebildes wäre aufzeigbar.

Man kann dies alles als Tatbestand zugeben, gerade um zum entgegengesetzten Werturteil zu gelangen. All das beweise ja, daß die Lehren der großen Pädagogiker nicht bloßes Vernunftergebnis seien, daß sie – viel mehr, viel tieferes als das – Intuition des Genies sind. Und das glaube ich auch. Ja, das eben behaupte ich. Sie sind – nicht selten: sehr – tiefe Intuitionen außerordentlicher, bemerkenswerter Menschen. Ihre Schriften und Ideen sind von hohem Schönheitsgehalt, von hohem Sittlichkeitswert; manche gefallen im besten Sinn des Wortes, manche erschüttern, bekehren. Als Leistungen der Intuition entspringen sie dem tiefen Unbewußten und rühren an das Unbewußte des Lesers. Ganz wie die Dichtung, die Kunst, die Philosophie. Sie sind Dichtung und Philosophie. Aber wir dürfen dies nicht bloß als Wertung auffassen, wir müssen es als Tatbestandsbezeichnung nehmen. Manche Lehre der Pädagogiker ist gute, manche ist schlechte Dichtung oder Philosophie. Jenes, was als schön und tief wirkt, dieses, was als häßlich und flach nicht wirkt. Wer will bei Dichtungen nach empirischer Basis und nach ihrer Richtigkeit fragen? Hier gelten andere Kriterien als bei der Wissenschaft. Damit hätte ich meinen Einwendenden, dem ich völlig zustimme, dort wo ich ihn brauche. Die Leistungen der großen Pädagogiker sind Kunstleistungen, Intuitionsschöpfungen. Sie sind nicht Wissenschaft. Und eben das war zu beweisen. Werten wir sie als Dichtung, so mag ihr Rang ein sehr bedeutender sein, wird aber dadurch allein in der Wertung als Wissenschaft ein niedriger. Und die Frage erhebt sich, ob die Lehren der Pädagogiker als Dichtung gewertet werden wollen, ob sie das dürfen. Daß wir zu dieser Frage gelangen, zeigt das Unangenehme der Situation. Es ist, als hätte der Bildner des Zeus von Otricoli versprochen, einen leibhaftigen Gott zu schaffen, der wahrhaftig mit den Brauen winken und mit der Marmorhand Donnerkeile werfen wird. Und wir stehen vor diesem Wunder der Kunst, die Schönheit verehrend, die Macht erlebend, die Kunst bewundernd und vergessen, was uns versprochen wurde, vergessen es dem Künstler, daß er sein Ziel nicht erreichte, weil wir ein höheres vor uns erfüllt sehen. Aber er bleibt der steinerne Gott, gänzlich unbewegt, und der Bildner hatte gelogen.

Vergessen wir nicht: jede pädagogische Lehre – jede der Dichtungen über Erziehung, die uns hier vorschweben – macht eine Aussage über die Realität: Wenn du meine Methoden befolgst, dann erreichst du, daß aus deinen Zöglingen wahr und wahrhaftig jene Menschen werden, von denen als den Idealen oder Zielen ich eingangs sprach. Und diese Aussage, diese Behauptung, dieses Versprechen ist das wichtigste Stück der ganzen Lehre, ohne es bestünde sie überhaupt nicht. Und wegen dieser Versprechung ist das pädagogische System objektiv keine Dichtung, es mag subjektiv als solche entstanden sein, es mag als solche Werte besitzen. Über seinen Wert entscheidet, ob das Versprechen erfüllt wird. Nur dann ist die Lehre richtig. Da hilft nichts. So flach ist die Angelegenheit.

Der Leser hat einen Einwand im Hintergrund, der zwar nur ein Detail trifft, den ich ihm aber entreißen muß, sonst verschließt er sich meinen Argumenten, in der Hoffnung, mich gelegentlich völlig durch meine eigene Unachtsamkeit zu vernichten. Ich habe bedacht, daß unter den großen Pädagogikern Schulgründer sind. Ich habe Dessau so wenig wie Stanz, Iverdün, Keilhau und Schnepfenthal vergessen. Mein Gegner hat recht: hier waren hunderte verschiedenartige Kinder unter den achtsamen Augen des Pädagogikers. Hier wurden die Lehren an der Realität geprüft. Hier war eine genügende empirische Basis. Und tatsächlich ist der naive Begriff von Kindheit bei diesen Pädagogikern durch eine mannigfaltige Erfahrung korrigiert. Wie konkret und lebendig ist jedes Wort über Kinder bei Pestalutz, mit den Schemen Fichtes, mit den affektiven Verzerrungen Rousseaus verglichen. Gewiß, auch hier schlägt die apriorische Tendenz durch. Das geschähe auch, wenn diese Männer zehntausendfach vermehrte Erfahrung gehabt hätten. Denn zuletzt kommt es nicht allein auf die – unerläßliche – empirische Basis an, sondern auf die wissenschaftliche Gesinnung, die über das Maß der Korrekturen, den Umfang der Einschränkung des Autismus entscheidet. Diese Einstellung fragt nach dem Sein. Wie ist das Kind? Sie fragt nicht nach dem Beobachter, nicht, wie wirkt das Kind auf mich? Die großen Pädagogiker dieses Typs, seien sie immerhin große Pädagogen genannt, da sie ja wirkliche und nicht bloß gedachte Kinder führten, empfinden gegenüber dem Kind: Rührung, Liebe, Mitleid, Hoffnung, Abscheu, Entsetzen. Und dies ihr Gefühl, ihre persönliche Reaktion auf das Sein, ist ihnen das Problem, ist ihnen Angelpunkt ihrer Lehre, ist ihr Beobachtungsinstrument. Sie sehen nicht das Kind, wie es ist, sondern im Grund nur das Kind *und* sich selbst, eins aufs andere bezogen. Und wenn sie selbst von sich abstrahieren könnten, es interessierte sie gar nicht, wie das Kind an und für sich ist, sondern einzig, wie man aus ihm etwas anderes bilden könnte. Das Kind ist Mittel zum theologischen, ethischen, sozialutopischen Zweck.

Jenen fehlt die Möglichkeit zu jeder wissenschaftlichen Betrachtung; diesen ist sie empirisch gegeben, sie vermögen sie nicht zu nutzen, denn es fehlt ihnen die Einstellung der Wissenschaft. Sie fördern daher den Rationalisierungsprozeß der Erziehung nicht. Die von ihnen geschaffene Pädagogik ist nicht die Rationalisierungsinstanz der gesellschaftlichen Prozesse, die wir Erziehung nennen. Ihre Lehren stehen zwar voll im Gegensatz zu der vorgefundenen, zu den zu ihrer Zeit üblichen und gültigen Erziehungsbräuchen und -anschauungen. Sie erheben sich auch, gewertet nach den Kriterien der Schönheit, der sittlichen Ideale, der Tiefe der Auffassung, der menschlichen Reinheit, weit über den zeitgenössischen Durchschnittszustand; sie zeichnen ein sittliches, künstlerisches Niveau der Pädagogik an, das gelegentlich sehr hoch sein mag – aber sie führen keine Übereinstimmung zwischen ihren Zielen und den Mitteln, die zu ihnen zu führen versprechen, herbei. Es klafft eine unüberbrückbare Kluft zwischen dem Ziel und dem Mittel. Denn die Ziele sind allemal hohe, letzte; und den Erweis der Tauglichkeit der Mittel vermag nur eine wissenschaftliche Prüfung zu erbringen, deren letztes Kriterium der reale Erfolg ist.

Der Aufbau des ganzen Systems verhindert überhaupt die Anlegung dieses Maßstabes. Die Lehren der großen Pädagogiker (und Pädagogen) sind notwendigerweise, nach ihrer inneren Struktur, unerweislich. Sie haben, so verschieden sie nach Inhalt, nach Darstellung, nach dem Maß systematischen Aufwands immer sein mögen, obzwar es gut ist, die oberflächlich weitgehenden Differenzen als in tieferen Schichten auf typisch einfache reduzierbar anzunehmen, sie haben zwei Konstanten, die jeder Korrektur durch irgendeine Empirie entzogen und Eckpfeiler des ganzen Lehrgebäudes sind: Das Ziel der Erziehung und sein Objekt. Die Anschauungen über dieses sind von unbewußten Trieben unkontrollierbar und gewiß sehr weitgehend beeinflußt, jenes erscheint als gegeben.

Das letzte sittliche, soziale, religiöse, intellektuelle Ideal ist ihnen als Ziel der Erziehung gerade genug. Es ist a priori gegeben. Steht über jeder Diskussion. Und hält es ein systematischer Kopf für nötig, dies Ziel abzuleiten, so sind seine Deduktionen nur Spiegelfechterei. Er weiß von vornherein, was das Ergebnis der Deduktion sein wird, er bringt es mit; er hat es vor seinem Denken und wird dieses so führen, ihm gewißlich solche Prämissen schaffen, daß ihm keine Überraschung drohe. Und woher hat er dieses unbeirrbar sichere Ziel? Im einfachsten Fall von seinen Lehrern oder Zeitgenossen; im komplizierteren aus sich selbst. Er hatte es in sich erlebt als Sicherheit, als verehrungswürdige Gewißheit, wie den Sternenhimmel über sich. Das mit den Sternen überlasse ich gern dem Erkenntnistheoretiker zum Entscheid, aber von dem Sittengesetz in mir weiß ich, daß es unentwirrbar komplex verschlungen ist mit dem Unbewußten, mit allem Bösen, mit allem Fremdartigen, mit allem Unkontrollierbaren in mir. Ja, es weist gebieterisch eine Richtung, und unübertäubbar erklärt es diese als die richtige. Aber indem ich ihm folge, bin ich Sklave einer Macht, deren Wurzeln, deren Ziel, deren Kompetenz ich nicht kenne. Ich bin es gern. Das ist meine Schuld. Nicht mein Verdienst. Warum bin ich stolz und heiße mich frei und Bahnbrecher, wo ich zu blind bin, sie zu durchschauen, zu feig, sie zu zerstören – vielleicht. Aber wie immer: Ich erlebe dies Unbekannte – unbekannt: woher, unbekannt: wohin – als Norm, die mich zwingt; ich bedauere die Grenze der Erkenntnis, aber ich glaube meinem Erleben. Mit Erstaunen, Freude, vielleicht auch mit Bangen kann ich finden, dies mein Menschideal ist dasselbe, im wesentlichen, so scheint es, wie des Pestalozzi, wie des Herbart seines, wie aller der großen Pädagogiker; ja wie alle Menschen seit je, scheint mir, die Normen formulierten. Wir finden uns in schönster Harmonie über das Ziel der – Menschheit. Ich aber stelle die Frage: Wer beweist, daß dies selbe auch das Ziel der Erziehung sei? Jene behaupten es in edlem Irrtum. Sie denken nicht daran, hier auch nur etwas von Frage zu sehen. Denn solche wichtigste Angelegenheit wie die Erziehung, was anderes soll ihr Ziel sein, als eben das letzte, umfassendste? O St.-Veitstanz, den man Ideengeschichte der Pädagogik nennt. Wäre das Menschheitsziel Erziehungsziel, dann wäre Erziehung eine hochwichtige Angelegenheit. Daß aber die Pädagogik hochmütig selbstverständlich der Erziehung höchste Aufgaben setzt, enthebt uns nicht der Prüfung, ob sie recht hat, so zu tun.

Man setze etwa folgenden Fall: Es sei erwiesen, ganz unbezweifelbar, daß unter einer Bedingung sofort dies seit dem König Ukuragina gesehene Menschideal ganz ohne Ausnahme verwirklicht würde: wenn die Erdachse, die bekanntlich schief steht, gerade stünde. Und es sei ferner ebenso erwiesen, dies sei nur unter dieser Bedingung erreichbar. Und es sei schließlich dieser Erweis zu einer Zeit erbracht, in der menschliches Können noch völlig ratlos vor der Aufgabe steht, solche gigantische Reparatur in Angriff zu nehmen.

An dem Menschideal würde solche Einsicht in die Dynamik der sittlichen Entwicklung und die technische Schwierigkeit der Sache nichts ändern, es bliebe die letzte Sehnsucht der Philosophen, der Dichter, der Schwärmer und der Hoffnungsvollen, und wir selbst, wer weiß, wären unter ihnen und würden Astronomie statt Psychologie studieren, Hebelversuche statt Schulgemeinden machen, und die Ingenieure würden stolz sein auf eine allgemeine Maschinenwissenschaft, aus dem Zweck der Menschheit deduziert. Und die Pädagogiker, die unentwegt den Felsblock der pädagogischen Mittel auf den Gipfel des Idealbergs wälzten, erschienen lächerlich und unnütz: sisyphische Überhebung, von boshaften Göttern mit Mühsal und Erfolglosigkeit bestraft.

Nicht das ist also der Vorwurf, daß die Pädagogiker große

und edle Ziele haben, sondern daß sie die Erziehung – ungeprüft – zur Vollstreckerin dieser Ziele machen. Daß sie nicht fragen: Ist dies ewige Menschideal erreichbar? Uns erreichbar? Durch Erziehung erreichbar? Erst nach Bejahung der drei Fragen wäre die dritte zu stellen: Durch das von mir erfundene Mittel? Wir werden versuchen, diese Fragen in geeigneterem Zusammenhang zu prüfen, denn man muß weit ausholen, soll das Ergebnis mehr sein als die Fragestellung allein, mit der hier ein Genügen gefunden sei, um rasch das Mißtrauen auszusprechen, das nunmehr unser Apriori gegenüber den Lehren vom Mittel der Erziehung, wie sie die Pädagogiker tradieren, sein muß. Einer satirischen Geschichte der Pädagogik bleibe vorbehalten, die Lehren der Pädagogiker – der größten und ehrwürdigsten auch – im Einzelnen darzustellen, in ihrer schreienden Dissonanz zum edlen, ewigen, erschütternd formulierten Ziel. Mit der Freiheit, die sich der Schriftsteller erlauben darf, der schreibend bereits verzichtet hat, völlig zu überzeugen, weise ich auf einige Data hin, zufrieden, wenn den Leser Ungläubigkeit und Widerspruch zur Prüfung anregt.

Alle erzieherischen Maßnahmen, die als geeignet gelehrt werden, das Kind mit seiner naiv und intuitiv erfaßten Struktur zu jenem hohen Ziel zu verändern, sind verdächtig einfach und banal. Ihre Banalität erweist sich schon darin, daß sie alle samt und sonders und jede einzelne für sich nicht neu sind. Wahrscheinlich ist es gar nicht möglich, ein wirklich neues Mittel der Erziehung zu erdenken. Gewiß ist es den großen Pädagogen nicht gelungen. Ob sie nun Liebeskraft oder harte Zucht vorschlagen. Belehrung durch Worte, durch Beispiel oder Rute empfehlen, ob sie für aktives Verhalten des Erziehers sind oder für geduldiges Zuwarten, ablenkendes Ausleben der kindlichen Impulse oder deren Unterdrückung verlangen – seit es Eltern, seit es Erzieher gibt, ist diese uralte Skala vom strengen Blick bis zur Gefängnisstrafe, von dem milden Wort bis zur bändereichen Predigt allüberall geübt worden. Kinder wurden zu Millionen in kunterbunter Mischung all solcher Mittel, Millionen wurden von jedem einzelnen erzogen, es kann keine Kombination mehr geben, die nicht bereits gewirkt hätte – und das Ergebnis ist die Menschheit von heute, von je. Immer standen die empirischen Menschen vom ewigen Menschideal so weit ab, daß etwaige Differenzen nach oben oder unten vernachlässigt werden können, daß der Satz gilt, sie sind seit Jahrtausenden gleich weit vor ihm stehen geblieben. Es bedarf doch keines Hinweises auf die Unterscheidung zwischen zivilisatorischer Höhe und sittlicher Vollkommenheit? Ich nehme an, der Leser ist durch die verschiedenen Äußerungsformen der ewig gleich idealfernen Seelenstruktur nicht blendbar, und erkennt sie nicht als verschieden hohe, sondern bloß als verschiedenartige Niveaus gesellschaftlicher Gebilde. Den banalen, seit je gebräuchlichen Mitteln der Erziehung als solchen wohnt die umbildende idealverwirklichende Kraft nicht inne, die die Systeme der großen Pädagogiker ihnen zuschreiben. Es gibt keine Zauberei. Auch nicht durch milden Erzieherblick, nicht durch heilsame Prügel.

Aber vielleicht sind diese Invektiven nicht berechtigt. Vielleicht wäre doch dies oder jenes Mittel fähig, das gesetzte Ideal zu erreichen. Es liegt an der Struktur der Pädagogik, an der Situation des Pädagogikers, daß diese Frage so schwierig zu entscheiden ist. Wo ist der Weg, der zur Gerichtsstätte führte, wo sind die Richter, die an ihr wirken könnten, welches könnten die Regeln, die Indizien sein, wenn es zu entscheiden gälte, ob dieser Junge ein sittlich-religiöses Subjekt, dieses Mädchen ein Charakter ist, ob A die dritte Stufe der rechten Ehrfurcht, ob B das gleichschwebende, vielseitige Interesse erlangt hat? Sprechen wir gar nicht von der letzten Vollendung, sie mag immerhin Ideal, also unerreichbar, nie erweisbar sein; denken wir an jene niedrige Stufe der unendlichen Treppe zum Ideal, die als erreichbares Ziel gelten soll. Ich frage nach verbindlichen Kriterien. Ich bin ein Flachkopf, der nichts von Metaphysik versteht. Ich bin ein polemischer Flachkopf, der von Metaphysik in der Erziehung nichts wissen will. Man kann hier die Diskussion mit mir abbrechen und mich belehren, daß es in der Sphäre der sittlichen Werte rationale Maßstäbe nicht gibt. Dann rufe ich dem Weggehenden nach: Warum beschimpfen Sie mich, gerade dasselbe sage *ich* ja. Bleiben Sie, wir sind einig. Will man dann den Abbruch dieser unterhaltsamen Diskussion vermeiden – und durch unsere Einstimmigkeit wäre sie hier so gut abgebrochen wie durch die denkbar schärfste Disharmonie – so redet man mir etwa folgendermaßen zu: »Aber es gibt doch wahrhaftig Unterschiede zwischen den Kindern, und wenn wir sie auch gewiß nicht immer klar zu formulieren vermögen, so haben wir doch nicht minder deutlich den Eindruck von einer Gesamtperson und ihrer Relation zu den Werten und Idealen, zu den Zielen wenigstens, und beurteilen mittels derselben Intuition, die jene Ziele aufgestellt hat, ihr Verwirklichungsniveau im konkreten Fall. Die Maßstäbe seien immerhin nicht aufzeigbar, wir unterscheiden doch das verbrecherische Kind und einen verträglichen, einfügsamen, bildbaren Charakter. Man muß nicht übertreiben und nicht gewalttätig einseitig sein.« Mein freundlicher Opponent hat Recht mit jedem Wort. Er erlaubt mir, daß ich seinen Gedankengang aufnehme, indem ich dieses uns intuitiv gegebene pädagogische Urteil über den Charakter eines Kindes, über seine Zielnähe oder Zielferne als Tatsache akzeptiere, aber als eine erklärungsbedürftige. Wir wundern uns zu wenig über die Sicherheit, mit welcher das pädagogische Urteil in uns erscheint. Die subjektive Überzeugungskraft, mit der es sich uns präsentiert, schreiben wir seiner objektiven Gültigkeit zu. Hier aber liegt ein Problem, eine wissenschaftliche Aufgabe, deren Resultat wir nicht vorweg eskamotieren können. Die Systeme der Pädagogiker lassen nichts von dieser Problematik ahnen. Naiv und ahnungslos entscheiden sie über ihren pädagogischen Erfolg, den Wert ihres Mittels, auf Grund ihrer intuitiven Beurteilung der kindlichen Struktur. Dieselben unbewußten Kräfte – oder andere, aber ebenso unkontrollierbar und unbemerkt dem Ubw entstammende –, die das naive Bild vom

Kind gestaltet haben, determinieren auch das naive Urteil über den Erziehungserfolg. Farbenblinde Maler haben Rot und Braun ununterschieden zu Landschaften verwendet, eine farbenblinde Jury prüft die Bilder auf ihre naturalistischen Qualitäten. Nur daß die pädagogischen Systemmaler Bildner und Jury in derselben Person vereinen.

Wie weit das aufgestellte Erziehungsziel(ideal) erfüllt wurde, ist demnach nicht kontrollierbar. Oder präziser: es wird von den großen Pädagogikern nicht kontrolliert; sie sind weder im Besitz der Kriterien noch auch von der Einstellung erfaßt, die realen Wirkungen ihrer Mittel, deren Zweckrationalität zu prüfen. Ihr Urteil über ihre Resultate ist intuitiv; er ist in seinen tieferen Schichten vom Unbewußten determiniert, in seinen oberen beeinflußt von Liebe, Neigung, Haß und Abneigung gegen den Zögling, von den Wünschen, den Hoffnungen auf die Möglichkeit einer besseren Welt, dem Stolz, einen Beitrag zu ihrer Herbeiführung geleistet zu haben.

Aber es mag dieser Vorwurf der Einschränkungen bedürfen, sei er selbst von Grund auf und in seinem ganzen Umfang falsch, so gilt er um so gewisser nach einer kleinen Wendung. Selbst die empirischen Grundlagen für das Erfolgsurteil sind auf seiten der Mittel nicht gegeben. Denn ließe der Erfolg sich sogar schlüssig erweisen, es verbliebe der Nachweis, ob er durch die vermeintlichen Mittel erreicht wurde. Die Möglichkeit ist offen, daß Faktoren zusammengewirkt haben, die in der Lehre des Pädagogikers gar nicht, ungenügend oder falsch eingeschätzt worden waren. Die Erziehlehren knüpfen den Erfolg an diese oder jene Einzelmaßnahme, Verhaltensweise. Gelegentlich an ein System solcher, aber zahllose Umstände, die in der realen Erziehungssituation außer den explizit bedachten, mitwirken, werden gar nicht erwogen. Gesetzt, des Pestalozzi Zöglinge erreichen des Pestalozzi Erziehungsziel. Wer entscheidet, wer prüft, wer fragt nur ernstlich, ob dies des Pestalozzi Methode oder dieses liebestarken Mannes Charisma zu danken ist? Es gibt nicht wenig Gründe, die eben dies vermuten lassen. Hier sind die Pädagogiker bescheiden, bis zur Demut. Die Einmaligkeit des Erfolges, der mit den Wirkungen ihrer Person gegeben ist, die verhältnismäßige Gleichgültigkeit der Methode gegenüber den gestaltenden Kräften, die von ihrer Person, unabhängig von ihren vermeintlichen Mitteln ausgehen, sehen sie nicht. Sich stellen sie hinter die Methode. Unangebrachte Selbstlosigkeit, die nicht geeignet ist, die Fehler zu vermindern, die der Durchbruch des Unbewußten mit seinen höchstpersönlichen Tendenzen und Determinanten bei der Zielsetzung, bei der Methodenerfindung, bei der Erfolgsbeurteilung verursachten; Scheinselbstlosigkeit, die dieser Fehler Folgen ins Gigantische vermehrt, indem sie alle Aufmerksamkeit, alles Interesse, alle Affekte der Jünger und der Feinde auf die – vielleicht wertlose, gewiß banale und überschätzte – Methode lenkt. Die großen Pädagogiker üben charismatische Wirkungen auf ihre Zeitgenossen aus, ihnen verdanken sie das Prädikat groß; es ist mehr als wahrscheinlich, daß diese persönliche Wirkung nicht vor den Kindern haltmacht, sondern daß sie bei ihnen noch deutlicher und intensiver zur Geltung kommt. Dennoch sei bei weitem nicht, der künftigen wissenschaftlichen Untersuchung vorgreifend, behauptet, dieser Faktor sei allein oder beträchtlich entscheidend. An ihm werde nur illustriert, wie es nottut, den Erfolgswert der einzelnen Methode und der Methoden-Systeme sorgfältig zu analysieren, wie ohne diese Analyse ein begründetes sicheres Urteil über die Zweckrationalität eines pädagogischen Mittels nicht abgegeben werden kann, wie die Pädagogiker und mit ihnen die Pädagogik weit davon entfernt sind, diese allein fruchtbare Haltung wissenschaftlicher Kritik und Einschränkung ihrer Intuitionen, ihrer Autismen, einzunehmen.

Die Anerkennung all dieser Vorwürfe durch den Leser wird weniger durch den Mangel ausführlich belegter Argumentation als durch ein affektives Element erschwert. Der Leser mutet sich selbst und dem Autor nicht zu, wir könnten hier in diesem Buch etwas gefunden haben, das all den – doch immerhin ungewöhnlichen – Köpfen, die die Pädagogik geschaffen haben, entgangen sein sollte. Es scheint ihm, wenn ich recht hätte, stünden wir an der Schwelle einer neuen Epoche der Erziehung. Und er fragt sehr ungläubig und bescheiden, wie sollte dies möglich sein, daß man in zwei Jahrhunderten nicht bemerkte, die Pädagogik sei ein Luftgebäude? Wie könnte so überflüssiges Tun, als welches sich, wenn ich nur Recht habe, die ganze Pädagogik erwiese, nicht als einmaliges Ereignis, nicht als Irrtum einer kurzen Periode, sondern als anhaltend geglaubte Übung zahlloser Menschen, die doch gewiß ebenso klug waren als wir vielleicht sind, erhalten?

Nun, mancher andere Aberglaube hielt auch Jahrhunderte stand und ist eines Tages durchschaut worden; und die ihn geübt hatten, waren nicht dümmer, nicht unbedeutender als die ihn gestürzt haben. Es wäre auch nicht sonderbar, wenn ein Autor behaupte, er führe eine neue Epoche herbei, und er Einige fände, die es glaubten, und erfahrungsgemäß hat auch gelegentlich ein Autor mit dieser seiner Behauptung recht gehabt. Also es gäbe allerhand Beruhigendes und Überzeugendes zu sagen. Aber ich bin in der angenehmen Lage, auf diesem Glatteis der Argumente nicht tanzen zu müssen. Ich kann affektiv beruhigen. Diese von mir nun lange genug gelästerte Pädagogik war und ist keineswegs wertlos; es ist nicht im mindesten erstaunlich, wenn sie herrschen konnte, wenn sie noch herrschen kann. Es ist kein Beweis meiner besonderen Fähigkeiten, wenn ich schrieb, was man eben gelesen hat. Der Leser übernimmt sich nicht, wenn er mir glaubt; und wir stehen nicht an der Schwelle einer neuen Epoche, gewiß sind nicht wir es, die diese Schwelle zubehauen und gelegt haben. Bestenfalls sind wir über sie gestolpert und haben, aus Nase und Mund blutend, von ihrer Existenz Kenntnis nehmen müssen. Andere sind nicht so bös hingefallen. Auf unseren Hochmut folgte bescheidene Einsicht, und dazwischen liegt unser Fall.

Die Pädagogik, so wie sie wurde und ist, hat eine bestimmte Funktion, die gerade an jene Eigenschaften gebunden ist, welche wir ihr vorwerfen, die sie, unbeschadet der Fehler, welche ihr unserer Meinung nach anhaften, erfüllen kann. Die Pädagogik, wie sie ist, entspringt einer Reihe von psychischen und sozialen Bedingungen, die in unserer, in der Zeit der unwissenschaftlichen Pädagogik, gegeben sind, sie ist ein Instrument gewisser sozialer und psychischer Tendenzen unserer Gesellschaft und der in ihr lebenden Menschen. Sie ist ein taugliches Instrument gerade durch ihre Mängel. Es besteht hier eine Relation, die zu verstehen und zu beschreiben Aufgabe einer Tatsachenwissenschaft ist. Ich habe die Resultate solcher wissenschaftlicher Untersuchung nicht wissenschaftlich konstatierend, sondern wertend vorgetragen. Man kann dieser Wertung die polar konträre entgegensetzen. Entscheidend für diese Wahl ist, ob man die sozialen und psychischen Kräfte, die diese Pädagogik verlangen, akzeptiert, als unvermeidlich gegebene hinnimmt oder als gewollte bejaht, oder ob man sie als variabel beurteilt und sie bekämpft. Verneint man sie, so wird man bemüht sein, sie ihrer Werkzeuge zu berauben. Die Pädagogik ist ein solches Werkzeug, so lange diese ihre Funktion unerkannt ist. Welches sind die geheimnisvoll angedeuteten Kräfte, deren Instrument die unwissenschaftliche Pädagogik ist, von deren Bejahung oder Verneinung diese Pädagogik ihren Wert oder Unwert, Gegenwert sogar, erhält? Wir werden die Funktion der Pädagogik verstehen, wenn wir das Wesen und die Funktion der Erziehung begriffen haben. Die folgenden Kapitel wollen dazu beitragen. Diesen Abschnitt zu beschließen, genügt vielleicht die beruhigende Versicherung an den Leser: es steht ihm frei, die Wertung der Pädagogik anzunehmen, die jede Lehrerbildungsanstalt tradiert, es steht ihm frei, meine Verurteilung der Pädagogik zu verurteilen, er möge sich aber erst die Einsicht holen, daß er sich so oder so zugleich für eine Partei in den heutigen sozialen Weltkämpfen und gegen seinen Willen möglicherweise entschieden hat, und möge begreifen, auf welche Seite der Welt er geraten ist, unwissend, was er tut. Hätte ich nicht die Einmischung all dieser Wertfragen verhindern können? Hätte ich nicht ruhig und sachlich die Bezüge zwischen Erziehung – Psyche – Gesellschaft vortragen können und daher auch sollen? Ich glaube nicht, denn der wissenschaftliche Glaube hätte den Lesern doch gefehlt, die anders werten als ich. Und warum sollte ich meinen Gleichwertenden, den Genossen in dem heutigen Kampf, dann nicht die Langeweile ersparen?

II Voraussetzung und Funktion der Erziehung

Haben wir uns von den Forderungen befreit, die der Erziehung durch die Pädagogik zugemutet werden, indem wir erkannten, daß sie die letzte Instanz ist, die imstande wäre, die Grenzen der Erziehung zu ziehen, da sie ja vielmehr sich vermißt, die Grenzsteine ins unendliche All zu versetzen, so können wir uns nunmehr der Erziehung selbst, wie sie wirklich ist, zuwenden. Wir werden versuchen, ihre Voraussetzungen und ihre Funktion in der Gesellschaft zu erkennen, in der Hoffnung, aus dieser Betrachtung zu erfahren, was ihre Grenzen derzeit sind. Daraus erst wird sich die Basis für eine Erörterung ergeben, wie weit diese heute gegebenen Grenzen auch ihre notwendigen sind.

Die erste Voraussetzung der Erziehung ist in einer Naturtatsache gegeben, der ontogenetischen Entwicklung. Wir mögen sie als selbstverständlich hinnehmen oder als kapriziöse Wunderlichkeit der Natur bestaunen oder in irgendeiner Weise in verständliche Zusammenhänge einreihen, sie ist gegeben und nur mit ihr Erziehung als ein Prozeß von allgemeiner Geltung. Kämen die Kinder als körperlich, geistig und sozial reife Individuen zur Welt, so gäbe es keine Erziehung, denn all das, was die Erziehung leisten soll und zu leisten scheint: die Sicherung, Beeinflussung und Veränderung einer bestimmten körperlichen, geistigen und sozialen Entwicklung des Kindes, wäre durch die Mechanismen der Vererbung erreicht oder durch jene Vorgänge ersetzt, die vor der Geburt die Struktur des Neugeborenen determiniert hatten. Da es nun aber Kindheit – ontogenetische postnatale Entwicklung – gibt, ist Erziehung als unvermeidliche soziale Tatsache gegeben.

Die soziale Tatsache will betont sein. Eine Kindheit, einsam verlaufend, erzwingt keine Erziehung. Hier ist kein fingiertes Beispiel im Kreise der Menschheit auszudenken; weil den Menschen von seinen sozialen Bezügen unabhängig vorzustellen unmöglich ist; das Wesen, mit dem sich dann die Phantasie befaßte, wäre kein menschliches mehr. Aber es gibt Tiergattungen, ja Klassen genug, bei denen die Kindheit die eigentliche Lebenszeit ausfüllt, monatelang dauert, und zwar nachgeburtlich, während der Erwachsenheit nur wenige Tage, Stunden Zeit gegeben ist. So etwa bei Schmetterlingen. Und trotz der bestehenden Tatsache Kindheit gibt es nichts, was als Erziehungsprozeß anzusprechen wäre, weil diese Kindheit nicht in Gesellschaft verlebt wird. Die Kindheit verläuft als Resultat der angeborenen Reaktionstendenzen und -Weisen auf die vorgefundenen konkreten, zufälligen oder allgemeinen Lebensumstände. Erziehung gibt es nur dort, aber überall dort, wo Kindheit in Gesellschaft abläuft. Ihre Voraussetzungen sind diese zwei: die biologische und die soziale Tatsache.

Diese Formel bedarf noch einer Einschränkung, soll sie wirklich allgemein gelten. Man erlaube eine Fiktion. Wir suchen ja die innerste Grenze, den Fall, in dem Erziehung gewißlich statthat; wie anders sollen wir sie finden als durch Konstruktion solcher, in denen sie nicht wäre; so erst prüfen wir, ob ein solcher Fall noch ein menschlicher wäre. Gesetzt also, die Mutter legte ein schönes, großes Ei; so lächerlich wir diese Phantasie finden mögen, sie muß doch etwas Verlockendes in sich bergen, versichert doch der gute Lykosthenes in seinem Wundertheater 1557 mehrmals: »So sagt man das inn Selenitide die weyber nit gebären wie andere Frauwen, sonder sie legen eyer wie anders geflügel, die selbigen brüten sie auß, und werden menschen so auß denselben schalen schlieffen, größer dann sonst fünffzehen. Glaub wohl Lucianus hab deren ettlich im Morland gesehen.« Und sehr überzeugende Holzschnitte sichern den Fall. Ferner sei in Selenitide, was Lucianus nur zu berichten vergaß, die Sitte, daß alle Mütter die gelegten Eier an einem Ort, weitab von den Behausungen des Stammes niederlegen. Die jungen Menschlein, die aus den Eiern kriechen, so unseren Einjährigen entsprechend, leben nun, indem sie entsprechend ihren angeborenen Instinkten und den konkreten Bedingungen der Biosphäre handeln, wachsen und sich verändern, bis sie ihrem Instinkt entsprechend nach einigen Jahren eine weite Wanderung antreten, an deren Ende sie sich in den Armen ihrer Väter und Mütter finden, die bereits unruhig auf sie warten. In diesem Grenzfalle wäre Kindheit und Gesellschaft, aber dennoch keine Erziehung, wenigstens keine in den Jahren zwischen der Geburt und der Beendigung jener Wanderschaft. Denn die Gesellschaft, in der diese Kinder aufwüchsen, wäre eine reine Altersklassengesellschaft, die völlig dem physischen, psychischen, geistigen Niveau ihrer Bürger entspricht. Es gibt in ihr keine Erwachsenen. Erst deren Vorhandensein wird der Gesellschaft eine Struktur geben, in der die Erziehung ihren Platz findet. Kindheit, in einer Erwachsenengesellschaft verlaufend, das ist die Voraussetzung für die Erziehung.

Verlassen wir die Selenitiden und anderes Getier. So mannigfaltig menschliche Gesellschaften strukturiert sein mögen, das Kind hat von Geburt an eine Stelle in ihnen. Es muß eine bestimmte Menge Arbeit für es von der Gesellschaft geleistet werden, sie hat irgendwelche Einrichtungen, die nur wegen der Entwicklungstatsache bestehen, gewisse Einstellungen, Verhaltungen, Anschauungen über sie. Die Kindheit ist irgendwie im Aufbau der Gesellschaft berücksichtigt. Die Gesellschaft hat irgendwie auf die Entwicklungstatsache reagiert. Ich schlage vor, diese Reaktionen in ihrer Gänze Erziehung zu nennen. Die Erziehung ist danach die Summe der Reaktionen einer Gesellschaft auf die Entwicklungstatsache.

Der Begriff der Erziehung erfährt durch diese Definition gewiß eine ungewohnte Erweiterung, die aber nicht unerwartet sein kann, denn betrachtet man die Erziehung als gesellschaftlichen Prozeß und nicht wie die Pädagogik als System von Normen und Anweisungen, so wird der Umfang der zu betrachtenden und in einem Begriff zu vereinenden Erscheinungen natürlicherweise größer. Der Pädagogik wird, ein extremes Beispiel zu geben, die sehr differente Weise, in der verschiedene Zeiten, Klassen, Völker ihre Kinder bekleiden

(Kindertracht und -mode), nicht als Erziehungsfaktum erscheinen, sie wird darüber nicht geordnet nachdenken, während unsere Betrachtungsweise – nennen wir sie die erziehungswissenschaftliche – hier eine Reaktion der Gesellschaft auf die Tatsache Kindheit sieht, also ein beachtenswertes Objekt ihrer Bemühungen. Der Grund für dieses unterschiedliche Verhalten liegt keineswegs darin, daß die Kindertracht kein Stück der Erziehung *ist,* sondern daß die Pädagogik sie nicht als solche *wertet.* Sie setzt voraus – woher hat sie das nur? aber so ist sie eben; ihr gibt es Gott als der Seinigen im Schlafe –, daß diese Maßnahmen zur Erreichung ihrer Ziele irrelevant sind. Wollen wir wertefrei betrachten, so ist zu prüfen, ob diese Irrelevanz besteht. Dies kann nur Aufgabe der Erziehungswissenschaft sein. Sie wird beurteilen, ob es »gute« oder »schlechte« Erziehung in Bezug auf ein bestimmtes Ziel ist, aber Erziehung bleibt es auf jeden Fall: eine gesellschaftliche Maßnahme gegenüber Kindern. Von der Pädagogik und ihren Wertungen befreit, haben wir gar keine andere Möglichkeit, als alle spezifisch Kindern geltenden Maßnahmen der Gesellschaft Erziehung zu nennen. Oder, da es ja auf die Definition und den Terminus nicht ankommt, als Erziehung zu behandeln, d. h. in diesem Zusammenhang: ihre Funktion zu verstehen. Was die Pädagogik Erziehung nennt, die bewußte, die Erziehung im engeren Sinne ist ein Spezialfall, dessen spezifische Funktion zu untersuchen ist. Diese bewußte Erziehung ist ein historisch spätes Produkt. Wie sollen wir es verstehen, wenn wir die Funktionen nicht kennen, aus denen es sich differenzierte? Es gab doch – und es gibt – Gesellschaftsstrukturen, die Erziehung im engeren Sinne nicht kennen, und doch haben sie organisierten Raum für die Kindheit, und doch werden in ihnen ganz dieselben Bräuche gepflogen, die später bewußte Erziehung heißen. Ist denn ein Unterschied zwischen dem strengen Blick, den ein erboster Kaffervater seinem Knaben zuwirft, und dem mahnend strafenden Blick des Pestalozzi, weil dieser als ein zum idealen Ziel führendes Mittel gepriesen wird, jener aber gänz-

lich ohne Reflexion und ohne Ziel aus erst zu findenden Gründen geschleudert wurde? Wir mißtrauen der Pädagogik und glauben nicht, daß die Aufgaben, die sie der Erziehung setzt, auch ihre wirkliche gesellschaftliche Funktion sind. Wir ahnen, daß diese Funktion verschleiert, unbekannt bleiben soll. Warum sollen wir uns an die Definition der Pädagogik halten? Zweifellos verhindert sie die Erkenntnis der Funktion der Erziehung im engeren Sinn, indem sie Fakta der Erziehung nach gewissen Werten und Normen sich zurechnet oder von sich ausschließt. Und wenn die bewußte Erziehung wenigstens scharf von der übrigen abgrenzbar wäre, dann würden wir eher den Schritt der Erweiterung bedenken. Der Übergang aber ist stetig, alles fließt, wir fassen nirgends ein Festes, Einheitliches. So versuchen wir, beruhigt, wie weit uns die loseste, umfassendste Formel führt. Vielleicht gibt es ein Prinzip, das alle mannigfaltigen Reaktionen einer Gesellschaft auf die Entwicklungstatsache, ihre ganze Erziehung also, einheitlich determiniert, treibt, regelt. Dann freilich wäre die terminologische Erweiterung zugleich eine Erkenntnis.
Auf diese Möglichkeit einmal aufmerksam gemacht, wird sie durch den flüchtigsten Blick auf Erziehungs- und Kulturgeschichte bereits plausibel. Die zweite Hälfte des XVIII. Jahrhunderts, das jene Umwälzungen der Pädagogik gebracht hat, die durch Namen wie Rousseau und Pestalozzi bezeichnet werden, die das Schulwesen im heutigen Sinn schuf, sie hat auch Jugendschriften und Kinderkleidung, Kinderzimmer und Kinderrecht, die Auffassung vom Kind in der Literatur und Kunst, in Wirtschaft und Politik wesentlich verändert, sie hat die grundsätzliche Veränderung der Einstellung der Allgemeinheit wenigstens begründet. Alle diese nicht eigentlich zur Erziehung im engeren Sinne gehörigen Gebiete stehen, so scheint es, in einem gegenseitigen Zusammenhang, sie sind funktional miteinander verknüpft, auch wenn diese gegenseitige Abhängigkeit dem Zeitalter völlig unbewußt ist. Und diese Änderungen in der Erziehung fallen mit großen sozialen und kulturellen Wandlungen der Gesellschaft zusammen,

sie gehören zu jenen Bewegungen, die in die Revolution mündeten, die nach ihr wirksam und gestaltend zu werden begannen. Sie stehen also – scheint es weiter – in funktionalem Zusammenhang mit den gesellschaftsbildenden und -umwandelnden Kräften, letzten Endes mit der Form und den Tendenzen des wirtschaftlichen Produktionsprozesses. Und dies gilt keineswegs nur für die revolutionäre Epoche des ausgehenden Kapitalismus seit 1789, sondern wo und wann immer Wandlungen der Erziehung im engeren Wortsinn zu sehen sind, dort finden sich zugleich, voraufgehend oder nachfolgend, entsprechende Wandlungen der Erziehung in unserem weiteren Sinn. Jene ist kein isoliertes Phänomen, sondern Symptom oder Folge einer tieferen Wandlung, fast so sehr, daß man versucht wäre zu sagen, einer veränderten Reaktion der Gesellschaft auf die Entwicklungstatsache.

Ein sehr merkwürdiges, von der Pädagogik gänzlich unbeachtetes Faktum hemmt uns, so allgemein zu formulieren, und läßt uns einen wesentlich komplizierteren Tatbestand erwarten: Es gibt Konstanten in der Erziehung. Erziehungsmaßnahmen und Einrichtungen, die so alt sind wie Erziehung selbst, so alt demnach als die Menschheit, die im ganzen Lauf der Geschichte sich völlig unverändert erhalten haben, denen keine Änderung des Produktionsprozesses, kein neues Zeitalter, keine Religion, nicht Revolution, nicht die grundstürzende kulturelle Wandlung etwas anhaben konnten, die bei jeder Rasse, in jedem Volk, in jeder Klasse, in jeder ihrer Entwicklungsstufen völlig gleichartig sind.

Diese Konstante durchzieht alle variierenden Erziehungsmaßnahmen und -einrichtungen. Wir werden sie natürlich als Eigenschaft jener Reaktion betrachten, deren Gesamtheit die Erziehung ist. Die Reaktion besteht aus zwei Gruppen von Erziehungshandlungen (und -einrichtungen), konstanten und variablen. Man begreift, daß diese Unterscheidung sehr wichtig ist für die Rationalisierung der Erziehung. Denn sie kann uns belehren, daß alle Änderungsbestrebungen völlig hoffnungslos sind, soweit sie sich auf den konstanten Faktor der

Reaktion beziehen – wenn dies konstant mehr sein sollte als eine zufällige historische Tatsache, und sie lehrt uns, das Augenmerk, Forschung und Bemühung auf die Schlüsselstellung zu richten, wenn jene Konstanz endlich zu einer bloß noch historisch interessanten Erscheinung werden soll.

Die konstante Reaktion finden wir besonders aufdringlich bei den Erziehungsphänomenen, die sich in der Paargruppe ergeben, wenn eine Erziehungshandlung von einem einzelnen Erzieher zu einem einzelnen Kinde abläuft, dieser sei nun Vater, Mutter, Erzieher oder sonst eine erziehende, erwachsene (gegebenenfalls relativ erwachsene) Person. Wo immer diese Paargruppe hergestellt ist, ergibt sich die Möglichkeit des Konfliktes, daß der Wille des Erziehers dem Willen des Kindes nicht entspricht – ich denke hier rein formal, ohne Erwägung der Ursachen des Konfliktes. Der Erzieher wird Mittel suchen, den widerspenstigen Willen des Kindes auszuschalten. Er habe in einem konkreten Fall sich des Mittels bedient, dem Kinde, solange es widersteht, Unlust zuzufügen; er straft es, heißt das. Unter diesen Strafen sind einige konstante, die allemal unter allen varianten Erziehungsbedingungen auftreten können, nämlich jene psychischen Reaktionen, die im Falle der Störung des eigenen Willens der entstandene Affekt erzeugt, und die ausgelebt werden, wenn keine hemmenden Bedingungen vorliegen. Die körperliche Aggression wird jedem feindseligen Affekt folgen, wenn nicht die Angst vor dem Gegner sie hemmt, oder die Angst vor anderen Folgen dieser Hemmungslosigkeit. In der isolierten Paargruppe fallen alle hemmenden Instanzen fort, denn der Erwachsene hat keine Angst vor dem Kinde. Der Affekt hat seinen Lauf, auch dann, wenn er nicht rational ist, der Zweck nicht garantiert, ja selbst ausgeschlossen ist, denn alle Zwecke erlöschen vor dem Affekt. Er setzt einen neuen Zweck an ihre Stelle, den: seine triebgemäßen motorischen Abfuhren auszuleben.

Die Konflikte sowohl wie das Fehlen der hemmenden Instanzen gehören zur Entwicklungstatsache, die Reaktion darauf ist gewiß eine Erziehungstatsache. Konflikte zwischen dem kindlichen Willen und dem des Erwachsenen müssen in der Paargruppe entstehen, weil Kind sein geradezu heißt: rücksichtslos der eigenen Lust leben – und die Gruppe nicht so strukturiert ist, nicht sein kann, daß jeder Lustwunsch des Kindes in ihr erfüllbar wäre. Das Kind ist andererseits machtlos, da die Macht letzten Endes auf der physischen Gewalt beruht. Der Erwachsene braucht keine Furcht vor ihm zu haben, die wichtigste und älteste Hemmung des freien Affektlaufes fällt demnach weg. Wo ideologische oder moralische Bedenken irgendwelcher Art die Furcht ersetzen, da liegt kaum mehr eine reine Paargruppe vor, da ist sie durchsetzt von den Wirkungen ihr übergeordneter gesellschaftlicher Gruppen. Aber wer glaubt, daß diese Ersatzmotive der Hemmung wirklich und in großem Umfang und auf die Dauer wirksam sind? Der Mensch ist Sklave der seelischen Abläufe in ihm, aus denen er schließlich besteht. Je gehemmter sein Affektleben in den Gruppen abläuft, in denen sein Leben auf dem Spiel steht – in denen seiner Miterwachsenen steht es auf dem Spiel, sie können ihn zum Hungertod, zum Seelentod verurteilen, wenn er ihre weislich gesetzten Grenzen überspringt, sie können es ohne Gerichtsverhandlung und Spruch, ohne es zu gestehen und ohne daß sie als Ursache sichtbar würden –, je stärker Furcht und Ideologie, Moral, Religion das ursprüngliche Seelenleben der Erwachsenen einer Gesellschaft einengt, um so eher und lieber werden sie, von der Furcht befreit – vor dem Kinde also –, sich auch noch von den Furchtersätzen zu befreien wissen, hier wenigstens aus dem Vollen, aus den Tiefen ihres Affektes zu leben. Wie leicht wird sich eine Philosophie finden, die solchen Ausbruch – Ausbruch sei ein beschreibendes, kein wertendes Wort – rechtfertigt, als unfehlbare Methode den von ihr deduzierten letzten Erziehungszweck zu erreichen. All dies erwogen; wer zweifelt noch, er werde, wo immer, wann immer Menschen (nicht Affen, nicht Engel) in der Paargruppe wirken, als ewige Konstante den ungebrochenen Ausbruch des erwachse-

nen Affektes vorfinden, wer wird nicht ungläubig staunen, wenn ihm anderes zu erwarten zugemutet würde.
Der Leser, den ich mir als Bürger unseres Halbwertjahrhunderts vorstellen muß, solange er sich mir nicht als anderen vorgestellt hat, empfindet sicherlich, daß ich »schimpfe«, daß ich es anders haben möchte. Ich muß mich daher bemühen, jede Möglichkeit des Mißverständnisses zu vermeiden. Darum sei aufmerksam gemacht, Affekt ist so wenig etwas Unanständiges, als seine Ungebrochenheit notwendig ein Böses sein muß. Was für die Strafen gilt, die Aggressionsaffekten entspringen, gilt gleicherweise für alle jene milden Formen der Erziehung (in der Paargruppe), die der Liebe entspringen. Sie und ihre ungebrochene Äußerung ist gleichfalls eine konstante Reaktion in der Paargruppe. All das Gesagte gilt auch für sie. Auch daß ungebrochene Liebesübung Rechtfertigung bei Philosophie und Pädagogik sucht. Und – braucht es der Betonung? – findet. Heute *auch* findet. Die Reformpädagogik predigt das Evangelium der Liebe in der Erziehung. Ich lese es gern und übe es willig. Aber daß dieses zweckrationaler wäre als die Haßpädagogik, das ist unrichtig. Es ist zumindest nicht entschieden. Daß es neu wäre, ist sicher unrichtig. Beide Formen sind Konstanten. Unvermeidliche. Denn auch dies gilt für die unendlich sympathischere, aber darum keineswegs minder tiefen Schichten entquellende Liebe, daß sie mit der Entwicklungstatsache gegeben ist. Kinder werden geliebt, aus keinem anderen Grund schon, als weil sie Kinder sind. Und die hemmenden Instanzen sind gegenüber dieser Liebe milder als gegenüber der Liebe zu den Miterwachsenen. Diese ist in engste Grenzen gebannt, während jene in breiteren Bahnen fließt. In unserer Zeit ist – paradox genug – gerade die Liebesreaktion gehemmter als in anderen. Die Indianer haben eine tiefe Scheu davor, das Kind irgend empfindlich zu strafen; als letztes Mittel der Disziplinierung ritzen sie leicht die Hand des schlafenden Kindes und zeigen ihm morgens das Mal, mit dem sie Manitou zeichnete. Bei uns werden Schulmeister verjagt, aus keinem anderen Grunde als

dem, daß sie zu wenig Zucht – mit welchen Mitteln, gilt beinahe gleich – zu halten wußten. Wir haben Furcht vor ungebrochener Liebe. Mehr Furcht als vor ungebrochenem Haß. Mit Recht, er gefährdet *ein* Menschenleben; sie die herrschende Ordnung und den Aufbau aller Menschenleben: das Kapital und seine Herrschaft, sagt die Wissenschaft des großen Marx.

Diesen letzten Satz hätte ich besser nicht schreiben sollen. Er ist in diesem Zusammenhang nicht unerläßlich und schlägt manchem Leser bloß vor den Kopf; die Bretterwand aus Philosophie, Ethik und anderen soit disant-Kenntnissen aus dessen Mittelschulzeit schließt sich dichter bei diesem Schlag und läßt noch weniger von den folgenden Sätzen durch, als ohnedies von ihm zu erwarten gewesen wäre. Schadet mir jene Bemerkung auch mehr als sie nützt, so wird meine didaktische Ungeschicklichkeit den Dank der Pädagogik ernten, denn es wäre einigermaßen ihr Ende, wenn alle Leser frisch und gläubig die Nutzanwendung der Tatsache der individuellen psychologischen Konstante hörten. Handelt doch der überwiegende Teil aller Erziehungslehren von der Paargruppe. Sie ist Lockes, sie ist Rousseaus, sie ist Herbarts pädagogische Ursituation, sie ist der wichtigste Bestandteil in Komenskys, sie ist ein wesentliches Stück der Pestalozzischen Konstruktionen. Sie ist das Objekt jeder Erziehungslehre, die über die Erziehung durch die Eltern nachdenkt, also des meisten, was von heutiger Pädagogik noch übrigbleibt, wenn man ihr die Didaktik abtrennt. Und selbst in diese spielt sie noch beträchtlich hinein. Denn selten nur wird die Schule als eine besondere Gesellungsform gesehen, aus der sich eigenartige Wirkungen und Formen ergeben. Den meisten Pädagogikern erscheint die Schule, die Schulklasse als eine Summe von Paargruppen; sie beschreiben die Vorgänge in der Schule daher falsch und fordern Maßnahmen und Einrichtungen, die sie der Paargruppenerfahrung entnehmen. Die hauptsächlichsten Bemühungen der Pädagogiker gelten den Konstanten psychischen Verhaltens Erwachsener zu Kindern, den unveränderbaren, historisch wenigstens unveränderten Charakteren menschlicher Aktion überhaupt. Die Geschichte dieser Pädagogik ist ein Zusammenlegspiel, bei dem die gleichen Bestandteile in immer neue Formen gelegt werden, gelegentlich sehr hübsche Figuren, gelegentlich wieder mit allen Steinchen, zuweilen mit den roten und blauen, ein andermal mit den schwarzen und grauen gefügt. Daß die Wirkungen solcher Pädagogik auf die Erziehung nahezu null sind, leuchtet ein. Denn sind jene Affektreaktionen auch in gewissem Grade beeinflußbar, so kaum durch Lektüre einer Predigt oder tausender Predigten, die den ewigen Abläufen psychischen Geschehens ein gedrucktes Wort entgegenhalten.

Dies genüge zur Ergänzung des Kapitels, das die Grenzen der Pädagogik bestimmte; und in Fortsetzung der Suche von Grenzen der Erziehung wollen wir den Eindruck näher analysieren, den die Kulturgeschichte gibt; als wäre die individuelle psychische Konstante doch gewisser Variationen fähig. Es ist doch so, als herrsche eine Tendenz zur Hemmung der aggressiven Aktionen, als humanisiere sich die Erziehung in der Paargruppe. Eine irgendwie gesicherte Erfahrung ist hier freilich nicht zu gewinnen, denn wir haben keine Kenntnis, keine genügend umfängliche Kenntnis davon, wie vor hundert, wie vor dreihundert Jahren erzogen wurde. Wir wissen beinahe ausschließlich, wie pädagogisiert wurde. Und haben die Überzeugung, daß das reale Verhalten der überwiegenden Massen von den Idealen der Pädagogen weit abstand. Polemisieren sie ja, predigen sie ja unermüdlich. Produziert das XVII. Jahrhundert Predigten an Eltern und Erzieher, die Kinder nicht zu verwöhnen, zu verzärteln, sie frühzeitig an Zucht zu gewöhnen (probaterweise durch Züchtigung), so schreit das XX. Jahrhundert nach dem Recht der Kinder und predigt ebenso leidenschaftlich die Liebe zu ihnen. Jenen Predigern standen Eltern vor Augen, die diesen neuen Predigern Lust gewesen wären, und sie beschimpften sie. Sollte es heute solche nicht mehr geben? Erziehen heute alle im Geschmack des Barock? Unwahrscheinlich. Beide Verhaltensweisen waren heute wie je. Aber jeweils bedarf ein anderes der ideologischen Rechtfertigung. Vielleicht sind auch die statistischen Verhältnisse temporär verschieden. Die Zahl der Menschen mit vorwiegend aggressiven Affekten gegenüber Kindern könnte zum Beispiel im XIX. Jahrhundert größer geworden sein oder vielleicht auch abgenommen haben. Je nachdem, ob die allgemeine Humanisierung der Aggressionsäußerungen, die wohl einen gewissen Fortschritt macht, auch auf die erzieherischen Vorgänge in der Paargruppe direkt ermäßigend wirkt oder nicht. Solche Ermäßigung ist möglich. Auch umgekehrte Änderungen sind nicht unwahrscheinlich: daß eine Zeit oder eine bestimmte soziologische Gruppe weitergehend als andere den Liebesaffekt hemmt. Wer italienisches Volksleben mit deutschem Bürgerleben vergleicht, wird finden, daß die italienischen Kinder in einem Strom von mütterlicher und väterlicher Liebe leben, der nicht selten von ungebrochenem Aggressionsaffekt gestört, doch voller und ununterbrochener fließt als bei deutschen Bürgereltern. Aber all diese Schwankungen sind verhältnismäßig gering, sie sind nicht sicher erwiesen und – vielleicht bloß darum – schwer formulierbar. Die reinen Extremtypen sind selten, die innige Mischung ist häufig. Wahrscheinlichster Zustand, daß jederzeit die überwiegende Menge der Erwachsenen in der Paargruppe dem Mischtypus angehört, so daß derselbe Mensch sich inkonsequent, in aufeinanderfolgenden Situationen sich verschieden verhalten wird, zwischen Extremen sich bewegen wird, die ihrerseits in gewissem Abstand von dem in einer bestimmten Zeit noch als normal geltenden Verhalten liegen werden. Auch Handlungen, die über die Grenzen des eben noch Anständigen hinausgehen, werden nicht allzu selten sein, aber an Zahl und Bewertung nicht als gewöhnliche Fälle gelten. Überblickt man große Zeiträume der geschichtlichen Entwicklung, so finden sich Andeutungen, die als Entwicklungsbahn eine allgemeine Humanisierung formulieren lassen, also eine gewisse Tendenz, den Aggressionsaffekt in seiner aktuellen Entladung zu mäßigen, neben der Tendenz, in gleicher

Weise den Ausdruck des Liebesaffektes zu hemmen. Aber vielleicht täuschen hier die wenig scharf beschriebenen Tatsachen. Jedenfalls ist deren Deutung so überaus erschwert, weil die Phänomene der Kulturgeschichte das Resultat unbekannter Vermengungen von individuellen und kollektiven Prozessen sind.

Wollen wir diese gesondert studieren, so bieten sich uns als geeignete Objekte so merkwürdige gesellschaftliche Ordnungen, wie sie sich bei den zahlreichen Naturvölkern vorfinden, die in der Altersklassengesellschaft leben oder deutliche Züge aus dieser Gesellschaftsform der Menschheit erhalten haben. Hier ist das Kind, mit der Mutter beziehungsweise den Frauen des Stammes aufwachsend, das Objekt des ungebrochenen Ausdrucks von Liebesaffekten, was natürlich nicht ausschließt, daß es gelegentlich Versagungen seiner Wünsche erfährt und in mancher Konfliktssituation mit aggressiven Affekten seiner erwachsenen Umgebung Bekanntschaft macht. Aber die Gelegenheiten zu solchen Konfliktssituationen sind verhältnismäßig selten und eine stark zärtlich gerichtete Liebe der Mutter ist auf das Kind gerichtet. Scham-, Ekel- und Inzestschranken sind gar nicht oder weniger hemmend zwischen Kind und Mutter aufgerichtet. Ja, selbst solche Erziehungsmaßnahmen, die uns als ganz selbstverständliche und völlig unvermeidliche erscheinen, wie die Entwöhnung, fehlen. Das Kind bleibt an der Mutterbrust, bis ein jüngeres geboren ist, und teilt dann mit diesem die Genüsse, im Grunde solange, als es die Muttermilch nicht freiwillig auch als Zukost verschmäht. Dieses paradiesische Mutter-Kind-Idyll findet ein jähes Ende, wenn jenes Alter erreicht ist, das im betreffenden Volk traditionell für die Vorbereitung zur Aufnahme in die männliche erwachsene Gesellschaft bestimmt ist, also so etwa zwischen dem siebenten und dreizehnten Jahre. Die Knaben werden nun den Müttern weggenommen, und zwar vom Vater oder sonstigen Repräsentanten des Männerbundes, gelegentlich gewaltsam. Und sie werden einer ganz andersgearteten Behandlung unterworfen, der Knabenweihe, dem Pubertäts- oder Initiationsritus. Dessen Dauer, Formen und Inhalte variieren sehr beträchtlich selbst bei verwandten oder benachbarten Völkern, doch werden allemal die Knaben abgesondert von der Behausung der Mütter gehalten, im Männerhaus, in einem eigenen Beschneidungshaus, in einem Hain oder im Zauberwald. Sie werden hier durch Fasten, durch körperliche Torturen aller Art und durch Unterricht zur eigentlichen Weihe vorbereitet. Diese besteht im wesentlichen darin, daß die Knaben feierlich und unter Pomp von ihren Vätern symbolisch getötet und zum Leben, zum neuen Leben als Männer wiedererweckt werden, sie erhalten die Stammesabzeichen, Beschneidung, Tätowierung, Zahn-, Lippen-, Ohrenverstümmlungen oder wenigstens einen neuen Namen und gewinnen damit die Rechte des Mannes, in erster Linie die Freiheit des Geschlechtsverkehrs, natürlich nur jene Freiheit, die die aufnehmende Gesellschaft dem Geschlechtsleben gewährt. Der Grausamkeit entbehrt keine Form der Knabenweihe, sie ist ein hervorstechender Zug des ganzen Arrangements. Sie ist nicht selten zu den exquisitesten Martern gesteigert. So wird die folgende liebenswürdige Episode aus dem Initiationsritus der Kaffern (von Ploß) beschrieben: Die zirka vierzehnjährigen Burschen werden in einer Reihe aufgestellt; jeder hat ein paar Sandalen in den Händen; die älteren Leute, mit langen Ruten oder Gerten bewaffnet, stellen sich vor ihnen auf, bzw. schwingen die Ruten springend und tanzend. »Willst du den Häuptling schützen?« fragen die Tänzer einen Knaben. »Ich will« antwortet dieser und erhält gleich darauf Rutenhiebe, gegen die er sich mit seinen als Schild gebrauchten Sandalen zu schützen sucht, die ihm aber doch blutige Streifen auf dem Rücken zurücklassen. Er springt grinsend umher, darf sich aber nicht zurückziehen. Dann folgt die zweite Frage: »Willst du das Vieh hüten?« – »Ja«. – Und abermals fallen Rutenhiebe auf seinen Rücken nieder. Nach Überstehung dieser Probe fühlt sich der junge Kaffer als Mann und gilt als solcher; ohne sie würde er nie von einem Kaffernmädchen geliebt werden. – In Australien ist das Zahnausschlagen der Höhepunkt der Zeremonien. Die Jünglinge werden durch ihre Väter in den Festkreis gebracht, den Kandidaten werden im Kebarrah-Gesang die Qualen geschildert, denen sie sich unterwerfen müssen. Dann schreitet man zum Ausbrechen eines Vorderzahnes. Dies wird so ausgeführt, daß man in einen Baumstamm ein Loch macht, in welches man einen Stab von hartem Holze steckt; dann bringt man den Zahn in Berührung mit dem Ende des Stabes, indem eine Person den Kopf des Knaben in der richtigen Position hält, worauf eine andere den Kopf von hinten nach vorn stößt. Die Erschütterung bewirkt, daß der Zahn meist mit einem Teil des anhängenden Zahnfleisches ausfällt. Einige dabeistehende Männer drohen dem Knaben, ihn sofort zu töten, wenn er Schmerz äußere, während andere ihm mit scharfen Steinen lange Streifen auf den Rücken und auf jede Schulter schneiden. Sobald das Opfer Klagen laut werden läßt, verkünden die Operateure mit Geschrei, daß der Unglückliche nicht wert sei, sich unter die Männer des Stammes zu mischen. Hält aber der junge Mensch die Qualen ohne Zucken aus, so tritt er hiermit in den Rang eines Jägers und Streiters ein; man umringt ihn und übergibt ihm das Mundi, d. i. ein Stückchen kristallheller Substanz, welches vor den Weibern stets verborgen gehalten wird. Schließlich begrüßen Männer und Weiber den Aufgenommenen, den man mit Schild und Kriegswaffen ausrüstet.

Solche Ritten sind nicht sonderbares Resultat der sadistischen Verirrung der einzelnen Völker, sondern eine allgemeine Erziehungseinrichtung bei vielen Völkern, mit so vielen typischen, häufig wiederkehrenden oder auch nie fehlenden Zügen, daß die Annahme nahe liegt, sie gehören einer gewissen Gesellschaftsstruktur notwendig zu, und zwar der sogenannten Altersklassengesellschaft. Diese wieder mag sehr wohl, wie die Soziologen vermuten, eine allgemeingültige Durchgangsstufe menschlicher Entwicklung sein. Sie wäre dann eine der ältesten, wenn nicht die älteste Gesellschaftsstruktur, die wir aus ihren noch heute vorhandenen Resten voll rekonstruieren können. Die Riten, aus denen die Proben entnommen sind, sind streng typische. Es fehlen ihnen manche extreme Züge von Aggression. Sie sind in zahlreichen mehr oder weniger leichten Varianten belegt. Wir wollen auch festhalten, daß die Initiationsriten die ältesten uns bekannten organisierten Kollektivmaßnahmen der Erwachsenen gegenüber der Kindheit sind. Während die Erziehung des Kindes durch die Mutter der Organisierung entbehrt, bloß aus natürlichen, d. h. individualpsychologisch verständlichen konstanten Reaktionen besteht, keinerlei Erfindungen sozusagen beinhaltet, haben wir in dieser Aggressionsorgie der Väter Maßnahmen vor uns, die über die individualpsychologische Verständlichkeit hinausgehen. Jene ist die Erziehung in der Paargruppe, diese in einer Mehrheitsgruppe, kollektive Erziehung, organisierte Erziehung in der Gesellschaft und der Gesellschaft. Im Anfang der organisierten Erziehung steht die Aggressionsorgie. Ja dies ist ihre organisatorische Leistung, daß sie die aggressiven Abläufe aus der Paargruppe herauslöst und sie gesammelt (und vermehrt, ebenso wie verändert) in einer neuen Gruppenform ausschließlich auf die Kinder wirken läßt. Vergleichen wir den heutigen Zustand mit diesem ursprünglichen, dann können wir mit mehr Recht, als bei der Vergleichung einiger Jahrhunderte, von einer Tendenz zur Humanisierung sprechen. Freilich entspricht der Humanisierung der Mittel eine Streckung ihrer Wirkungsdauer. Die primitiven Völker setzen die Knaben ihren freilich sehr drastischen Erziehungsmitteln nur wenige Wochen oder Monate aus, wir unseren, freilich viel humaneren Mitteln, 14 bis 20 Jahre. Daß wir aber auch nicht einen Augenblick lang stolz behaupten können, es seien die Sterne, bis zu denen wir es gebracht, lassen wir uns darüber belehren, wie Ritterschlag, Deposition, Firmung, die Aufnahmegebräuche in die Gesellenverbände der Innungen bis vor wenigen Jahrzehnten, ja heute noch gelegentlich völlig unhumanisierte Initiationsriten treu konservierten.

Der Sinn des Initiationsritus ist aus den individuellen psychischen Abläufen nicht verständlich zu machen. Die Väter, die ihn ausüben, verstehen ihn selbst nicht, sie rationalisieren ihn ohne Prüfung der Realität. Sie schieben ihm Zwecke unter, wie sie ihnen einleuchten. Sie sagen, es handle sich um Proben der Standhaftigkeit, um Unterricht in Mut und Ausdauer, um dauernde Einprägung aller Sitten-, Kriegs-, Moral-, Geschlechtsgesetze des Stammes und seiner Gottheiten. Sie benehmen sich dabei ganz wie unsere Pädagogiker. Einen vorliegenden Brauch rechtfertigen sie, indem sie ihn nachträglich als Mittel, als einziges taugliches Mittel zu einem edlen Zweck hinstellen. Dieser Zweck hat aber das Mittel nicht erzeugt, sondern dessen Gründe sind dem Einzelnen und seiner Gesellschaft unbewußt. Was an ihm psychisch determiniert ist, so viel oder so wenig es sein mag, wirkt aus dem Unbewußten. Erst dessen Aufdeckung kann uns die Determinanten zeigen. Tötung der Knaben lautet der Imperativ des Unbewußten. Die versammelten Väter erfüllen diesen Befehl nicht. Warum nicht? Wer hindert sie? Vielleicht haben sie Angst vor den Weibern. Es scheint so, denn sie schicken sie weg, halten sie gewaltsam fern und schrecken sie durch Brummer und Ratschen. Doch die Gründe sind nicht sicher erkannt. Genug, sie töten die Knaben nicht, nicht alle wenigstens, und wir beruhigen uns bei der negativ teleologischen Formel: sonst wäre die Menschheit längst ausgestorben und de facto hat irgendein grausamer Gott sie bis heute an dieser für alle Beteiligten vielleicht gleich glücklichen Lösung gehindert. Sie töten also die Knaben nicht, sie wissen gar nicht, daß sie es wollen, aber der Inititationsritus ist ein einziger großer symbolischer Tötungs- und Neugeburtsakt.

Was mag das Motiv dieses Tötungstriebes sein, der offenbar sehr intensiv ist, setzt er doch gewaltige soziale Energien in Bewegung und weiß sich hinter tausend Entstellungen und Abschwächungen doch geltend zu machen? Die Väter drohen dem künftigen Manne: so wird es, aber ohne Ermäßigung und Entstellung, ganz unsymbolisch und sehr real, dem Vatermörder und Mutterschänder gehen. Der Inzest und der Vatermord (oder der Mord im Clan überhaupt) wird durch diese prophylaktische Talion unvergeßlich eingeschärft, der heranwachsenden Generation und der erwachsenen zugleich, die, so scheint es, immer neuen Versuchungen ausgesetzt ist, die gewiß, als sie noch unerwachsen war, solche Versuchung kannte. So ist auch ein Stück Selbstbestrafung unter den Motiven dieses ersten gesellschaftlichen Erziehungsaktes. Er entspringt dem Schuldgefühl, das die Menschheit erwarb, als sie durch jenen Vatermord in der Urhorde die totemistische Ordnung, die erste Kulturgesellschaft begründete. Dieses Urverbrechen in Wiederholung zu verhindern, die eigene Versuchtheit hierzu zu sühnen, Schuldgefühl zu stiften, zu sichern und zu betätigen, dient der Initiationsritus. So lehrt der wissenschaftliche Mythos des großen Freud.

Dieser letzte Satz war wiederum so überflüssig wie schädlich. Zwar hat der Leser schon längst bemerkt, daß die Gedankengänge dieses Buches von Freud beeinflußt sind, und das hat vermutlich sein Zutrauen zum Autor und dessen Anschauungen nicht vergrößert. Aber er konnte doch bis zu der eben getanen Bemerkung hoffen, er würde an seiner Stelle, nachdrücklichst betont, das ihm aus der heutigen wissenschaftlichen Literatur lieb und gewohnt gewordene Sätzchen finden: Wir stimmen mit Freud in diesem oder jenem Gedanken überein, ohne die maßlosen Übertreibungen dieses nicht ganz verdienstlosen Autors zu teilen. Noch lieber vielleicht hätte der Leser sogar gelesen: ... unbeschadet des energischsten Protestes gegen die Ausschreitungen der Psychoanalyse. Er findet sich enttäuscht und sieht Freud uneingeschränkt anerkannt, sein Werk als Grundpfeiler für den Bau der Erziehungswissenschaft vorbereitet. Dies wird vielleicht gerade jene unangenehm berühren, die mit Zustimmung die parallele Bemerkung über Marx gelesen haben und richtig als des Verfassers Meinung gedeutet haben: das Werk von Karl Marx sei als Grundpfeiler einer künftigen neuen Erziehungswissenschaft zu betrachten – was vermutlich wieder den an Freud Interessierten ein starkes Mißfallen erregt haben dürfte. So wären wir in Gefahr, zwischen zwei Grundpfeilern im Wasser oder im grundlosen Baugrundschlamm zu ersticken, wenn wir uns nicht entschließen, über beide Pfeiler die Brücke zu bauen, auf der sich eine bequeme Sitzgelegenheit mit weiter Aussicht über die ausgedehnte Landschaft der Erziehung wird einrichten lassen. Solche Anlage für den Sitz der Erziehungswissenschaft schwebt seit Herbart allen pädagogischen Baumeistern vor: über der Ethik und Psychologie als Fundamenten errichten sie die allgemeine Pädagogik. Was nun freilich recht unsichere Basen sind, gut genug, für ein Nachmittagsschläfchen eine Hängematte dran zu hängen, aber überaus gefährlich und unbequem schwankend als dauernde Wohnstätte. Denn die Ethik, was braucht es vieler Worte, um sie als höchst unsoliden Untergrund zu erweisen? Und die Psychologie, was war sie vor Freud, was ist sie außerhalb des Freudschen Werkes heute noch anderes als zügellose Spekulation, eitle Projektion und Verallgemeinerung einer vom Unbewußten geleiteten und abgelenkten Selbstbetrachtung außerordentlich komplizierter, ungewöhnlicher, überempfindlich selbstversonnener – diese Werte seien zugestanden – Schreibtischmenschen, deren äußeres Leben oder innere psychische Struktur die Akzente von den wesentlich wichtigen seelischen Erscheinungen auf interessante, aber sekundäre Phänomene verschiebt? Was war sie mehr als oberflächliche, scheinbar exakte Forschung an Sinnesempfindung, Assoziation und Denken? Diese Psychologie durch die Lehre Freuds zu ersetzen, die Entwicklung, Trieb und Charakter ins Zentrum ihrer Betrachtung stellt, heißt der Erziehungswissenschaft überhaupt erst eine Grundlage geben. Sie wird breit und solid für jedes wünschenswerte Gewicht und die schwindelndste Höhe des künftigen Baues sein, wenn statt der Ethik die Sozialwissenschaft, und zwar in ihrer härtesten und lebendigsten Form, der Marxschen, die Psychologie, in ihrer tiefsten und lebendigsten Form, der Freudschen, ergänzen wird. Über die Motive für die Wahl gerade dieser beiden Forscher zu Schutzpatronen der neuen Erziehungswissenschaft wird noch einiges zu sagen sein. Jetzt genüge dieser Exkurs; und wir kehren zu den merkwürdigen Erziehungstatsachen des Initiationsritus und der Kindertötung zurück.

Auch außerhalb der Initiationsriten werden Kinder institutiv, als gesellschaftliche Einrichtung getötet. Unserem Jahrhundert scheint das befremdlich, abstoßend, unglaubwürdig. Und doch ließe sich ein stattlicher Band mit knappester Darstellung der Bräuche füllen, die direkt den Kindermord beabsichtigen und organisierte Bestandteile der Gesellschaft sind, Erziehungseinrichtungen sozusagen der betreffenden Gesellschaft, unzweideutige Reaktionen auf die Entwicklungstatsache. Ich spreche nicht von den Lust-, Roheits-, Affektakten, die unsere Zeit wie manche, aber gewiß nicht jede, zum guten Teil den Verbrechen zurechnet und als solche ahndet, denen aber so im Lauf der Jahrhunderte ein gigantisches Heer von Kindern zum Opfer gefallen ist; sie sind Individualakte, die nicht in diesem Zusammenhang zu erörtern sind. Eher wäre an Taten zu denken, wie die des Erzvaters Abraham war, der, aus Furcht oder Liebe, was bei gottesfürchtigen Leuten nie klar zu entscheiden ist, sich bereit findet, seinen Sohn zu opfern und sich bis heute der Sanktion der Menschheit erfreut, die nach wie vor höhere Zwecke kennt, denen unbedenklich das Leben des Kindes zu weihen, ja zu opfern wäre, wobei es dann reichlich Geschmackssache ist, ob Ehrfurcht vor Gott dieser Zweck ist oder die politische Absicht eines Herodes, die in ungezählten Gemälden unsterblichen Ruhm gefunden hat, an dem *ein* frommer Madonnenmaler allein elfmal durch Meisterwerke der Malerei und Grausamkeit mitgewirkt hat, oder die Erpressungstaktik des bösen Jehova für sein so gänzlich vergeblich aus der ägyptischen Knechtschaft geführtes Volk Israel – indem die Tat nicht als Verbrechen gewertet wird, zeigt sich die Bereitschaft der Menschheit, und wäre es unter Bedingungen, die Kindertötung aus der Sphäre des individuellen Aktes zu heben. Nicht einmal von Gesellschaftskonstruktionen hätten wir hier aufzählend Gebrauch zu machen, die die Kinder bis zur letzten Konsequenz dem individualpsychologischen Ablauf des Affektes eines einzelnen Erwachsenen freigeben, wie das römische Recht der väterlichen Gewalt. Zu schweigen davon, daß unsere Zivilisation nicht die einzige ist, die zwar moralisierend und predigend, aber doch schweigend die Kinderhekatomben erträgt, die als unbeabsichtigte, aber eben mitgewollte, weil geduldete, Folgen anderen gesellschaftlichen Einrichtungen und Auseinandersetzungen entspringen, sie seien nun Kriege oder Fabriktod, nur daß die europäische Menschheit, vom Dreißigjährigen Kriege befreit, als Symbolum dieser Befreiung, als Denkstein für die gemordeten Kinder die Streckenreiterklippe prägte, während man im Krieg unseres Jahrhunderts die verstümmelte Kinderleiche hüben wie drüben als gern geglaubte Reklame für Kriegsanleihe sah. All das und besser vielleicht noch als das beweist uns eines Lesers Gefühl, daß ich hier aus der Rolle falle, meine Skepsis in Predigt und Sentimentalität verwandle, daß heute und immer die Tötung von Kindern als gesellschaftlich zugelassene Erscheinung bestand und daß sie von einer Tötungstendenz im Unbewußten des Einzelnen und seiner Gesellschaft erzeugt oder getragen wird; es sei denn, wir belasten Gott mit der Verantwortung für diese und die früheren Welten.

Wir werden nicht geneigt sein, diese ganze Fülle aus dem Schuldgefühl der Männer, wie wir kurz für den komplizierten Annahmenkomplex Freuds, den wir oben erwähnten, sagen wollen, abzuleiten, restlos aus ihm zu erklären. Es würde uns besser gefallen, einen allgemeinen Trieb, eine für die männliche Psyche bezeichnende Verhaltensweise anzunehmen, deren Urbild Vater Kronos wäre, der seine Söhne verzehrt. Es ließe sich über diese Möglichkeit wohl reden, ist es doch auch bei vielen Säugetieren sonst der Brauch, daß der Vater den Wurf nicht anders zu schätzen weiß denn als mühelos zu erwerbenden Zuwachs von vermutlich sehr wohlschmeckendem Fleisch in seinem Jagdrevier, das er gern frißt, wenn ihn nicht die Mutter, gelegentlich in hartem Kampfe, daran hindert. Die Tatsache braucht uns nicht zu stören, daß diese männliche Urreaktion auf die Entwicklungstatsache bei nicht wenigen Tieren an weiblichen Körperbau gebunden erscheint. Die neueste Biologie zeigt fortschreitend immer deutlicher, daß weiblich und männlich Tendenzen sind, die sich gelegentlich an den entgegengesetzten Genitalorganbau knüpfen, und daß sie ganz allgemein bloß in gewissen Mischungsrelationen sich verwirklichen. Heißen wir die gedachte Urreaktion männlich, so kann damit nicht gesagt sein wollen, sie fehle nicht gelegentlich einem Manne, und sie käme nicht gelegentlich einer Frau zu, sondern wir halten damit nur den Eindruck fest, daß wir eher bei Männern als bei Frauen sie zu finden erwarten, und daß gewiß dort, wo primitive Ansätze zu Einrichtungen in der Gesellschaft im Sinne dieser Urreaktion vorhanden sind, wir diese von Männergruppen getragen sehen.

Von einer männlichen Urreaktion zu sprechen hat aber nur dann einen Sinn, wenn es gelingt, ihr eine weibliche Reaktion gegenüberzustellen. Diese Forderung setzt uns nicht in Verlegenheit. Sie ist durch die Maßnahmen in der Paargruppe vor dem Initiationsritus deutlich hindurch spürbar. Formelhaft klar wird sie beim Studium der primitiven Säuglingspflegeformen. Eine von diesen, gewiß die älteste und ursprünglichste, zeichnet sich durch eine Reihe von Merkmalen aus: das Neugeborene, und ähnlich der Säugling, wird warm gehalten durch Bad, Hüllen und Aufenthaltsort; es wird vor Licht, Geräusch und den mannigfaltigen Reizen der Welt, die es in seinem wohlverborgenen Schlafraum als Fötus nicht erreichen konnten und denen es durch die Geburt plötzlich schutzlos preisgegeben wurde, sorgfältig behütet; es liegt in seiner natürlichen Schlaflage, der embryonalen, im feuchtwarmen Dunstkreis in gedeckter Wiege, einem veritabeln künstlichen Mutterleib, oder eng an die Mutter gepreßt in deren Bett, oder selbst tagsüber unmittelbar an ihrem Leib, mit dem Tragband vor ihre Brust, an ihre Hüfte geschnallt, oder im Tragsack an ihren Rücken gehängt; es befindet sich in sanfter rhythmischer Schaukelbewegung, gewiegt oder den

Rhythmus der mütterlichen Körperbewegungen mitschwingend, so wie es in utero in bequemer Hängematte hin und her pendelte, sanft im flüssigen Medium geschaukelt.
Es ist, als wäre die Mutter von dem Bestreben geleitet, die große Trennung, die die Geburt zwischen sie und das Kind legte, rückgängig zu machen, das Kind sich möglichst körpernah zu halten, es zärtlich warm zu schützen und es in jener kaum definierbaren Weise der mütterlichen Sorgfalt zu lieben, für die die Fötalsituation vielleicht mehr als ein bloßes biologisches Analogon ist. Sie ist der polare Gegensatz zur männlichen Reaktion, die sich bis zur bloßen Tendenz abschwächt, das Kind von der Mutter Körper fern zu halten. In der Säuglingspflege, die sich vom oben gezeichneten Urbild entfernt – und die meisten Völker haben gewisse Züge solcher Entfernung im realen Bild ihrer Einrichtungen, so daß das Primitive bloß Ausgangspunkt und ideale Norm ist –, lassen sich mannigfaltige Grade der Mischung weiblicher Bräuche mit männlichen vermuten.
Der erste Schritt des Kindes ist der eigentliche Wendepunkt der weiblichen Bräuche; merkwürdig genug, daß er ungefähr in die Zeit fällt, in der die Geburt des nachgeborenen Geschwisters sich vorbereitet. Nun muß die Körperferne bis zu einem gewissen Maß von der Mutter ertragen werden, die primitive Reaktion wird zur Liebe, die hier wie immer in der Sehnsucht besteht, das Geliebte möglichst körpernah zu bringen, sich mit ihm möglichst innig körperlich zu verbinden. Die Mutter liebt ihr Kind wie ein Stück ihres eigenen Körpers, das zeitweilig von ihrem übrigen Körper durch ein Stück Raum getrennt ist, aber natürlich nur zeitweilig getrennt sein darf, soll nicht die Liebe in heftigsten Trennungsschmerz umschlagen.
Die männliche und die weibliche Urreaktion sind kollektive Phänomene. Sie gehören aber auch als individuelles Besitztum den tiefsten, normalerweise unbewußten, Schichten der Einzelpersönlichkeit an. Und wirken von dort aus als unbewußte individualpsychologische Konstanten auf die Abläufe vom

zärtlichen oder aggressiven Typus, die wir früher als individuelle psychologische Konstanten bezeichneten und nunmehr als die bewußten von diesen tieferen, den unbewußten, unterscheiden müssen.

Verdrängt oder in den Charakter eingebaut, die weibliche Reaktion wird die zärtlichen Abläufe intensivieren und die aggressiven ermäßigen, während die männliche Reaktion die zärtlichen hemmen und die aggressiven verstärken wird. Wobei die komplizierteren Entwicklungsmöglichkeiten nicht zu vergessen sind, daß die verdrängte Reaktionsweise kompensativ die entgegengesetzte verstärken und auch sonst all jene paradoxen Verhaltensweisen erzeugen kann, die Freud uns lehrte, aus den Mechanismen der Verdrängung zu verstehen. Auch der Komplikation sei wiederholend gedacht, daß ein weiblicher Körper die männliche, ein männlicher Körper die weibliche Reaktionsweise bergen kann, daß beide im selben Individuum in sehr mannigfaltigen Mischungen und allerhand Gleichgewichtszuständen wirksam sein können. Denn all dies rührt nicht an die grundsätzliche Behauptung: Das erzieherische Verhalten des einzelnen Erwachsenen, seine allgemeinen Prinzipien sowohl wie jede konkrete Tat, ist von individualpsychologischen Konstanten determiniert: den individuellen Ablaufsformen seiner Affekte und der Struktur der Urreaktion in seinem Unbewußten oder seinem Ich. Die reine Paargruppe ist die günstigste soziale Gegebenheit für das volle Sich-Auswirken dieser Konstanten in jeder einzelnen Erziehungshandlung.

Es ist, leider, nicht meine Aufgabe, in diesem Buche die Psychologie der Erziehung zu schreiben, und auch deren Urgeschichte, die mit ihrer Psychologie ungefähr zusammenfallen dürfte, ist nicht mein Thema; ich muß die Frage, derentwegen ich mich so tief ins Gestrüpp gänzlich unerforschter Wissensgebiete hineingeschlagen habe, nicht aus dem Auge verlieren. Die Funktion der Erziehung steht zur Erörterung. Darum, nicht weil das beigebrachte Material reichlich genug oder die Hypothesen einleuchtend genug sind, versuchen wir eine vorläufige Formulierung. Wir sahen Ureinrichtungen der Erziehung aus psychologischen Gründen entstehen – Liebe der Weiber zu ihrer Frucht, Vernichtungstrieb und Vergeltungsfurcht der Männer –, wir sehen diese psychologischen Motive noch heute wirksam, wenn auch modifiziert und kompliziert. Wir haben die psychologischen Determinanten gewisser Erziehungseinrichtungen erfaßt, die Urreaktionen der Individuen auf die Entwicklungstatsache formuliert. Was nun gefragt werden muß, ist die soziale Folge dieser Reaktionen: ihre Funktion. Diese ist unschwer für die weibliche Reaktion zu finden; sie sichert den physischen Bestand, die Fortpflanzung der Gesellschaft. Diese sichernde Funktion erfüllte sie bereits, wenn es ihr gelang, die männliche Reaktion ihrer äußersten, ihrer primitivsten Konsequenz zu berauben. Sie braucht keiner Verankerung in eigenen weiblich gedachten Institutionen. Sie verbindet sich in komplizierten Gesellschaftsformen mit den wirtschaftlichen Interessen der Männer. Sie ist garantiert durch die bisexuelle Psyche des Menschen, die weibliche Tendenzen in jeder Manneseele mitreagieren läßt, die wenigstens dafür sorgt, daß keine Männergruppe ohne tüchtigen Weiberverstandesanteil besteht. Sie ist vielleicht in der Angst der Männer vor den Frauen, in der Abhängigkeit der Männer von den Frauen als ihren Liebesobjekten zutiefst verankert. Sie ist vielleicht das Resultat einer menschlichen Urordnung, in der das Weibchen, die Mutter, durch Körperkraft und Inzestgewährung die Männchen – ihre Söhne samt und sonders – so energisch im Zaum zu halten wußte, daß nach Jahrtausenden noch die griechischen Heroen vor den Amazonen zitterten und der sorgfältige Forscher im XIX. Jahrhundert noch manchen nachwirkenden Zug des uralten Mutterrechts aufzuspüren glaubt. Vielleicht ist aber diese Urzeit nur eine komplizierte Zwischenepoche. So viel aber ist gewiß und darf uns genügen: institutiv ist die weibliche Reaktion, soweit die Geschichte zurück- und vorwärtsreicht, für die Erziehung nicht gewesen. Wo sie ungemischt von männlichen Weisen ausgeübt wird, ist die Paargruppe ihre prinzipielle Institution, Mutter und Kind.

Was ist aber die Funktion der männlichen Reaktion? Das wäre nicht leicht zu sagen, wenn ich die Eindrücke und Phantasien, die mir das Studium der Bücher über die Tatsachen erst erweckte und dann fortzuspinnen erlaubte, so darstellen müßte, als hätte ich sie aus den Tatsachen gewonnen, als erlaubten diese keine andere Anschauung, als wären sie selbst Tatsachen. Welche bände- und bilderreiche Geschichte der Kindheit und Jugend müßte ich schreiben, und der intelligente Leser würde ja doch nur die Auszüge von fünf Zeilen bis fünf Seiten lesen, die der intelligente Verleger auf die Buchschleife drucken oder in Literaturblättern verbreiten ließ. Bei so unwichtigen Themen, wie die Erziehung eben durch jene kleine Bibliothek erweislich ist, genügt doch, wenn Einer mehr als jene Zeilen und Seiten von ihrer Geschichte gelesen hat, eben der Autor dieser fünf Zeilen.

Der freiere Ton dieses Buches erlaubt hier summarischer zu verfahren, was hier darum keineswegs unwissenschaftlich ist, weil ich nichts anderes als Einfälle zu Tatsachen gebe, die Forschungen anregen, eigene vorbereiten wollen, nicht sich selbst aber als Tatsachen geben wollen. Übrigens nur solche Einfälle, die jedem Nichtpädagogen als selbstverständlich erscheinen und nur dem Pädagogen erst eindringlich gemacht werden müssen.

Eine Konstruktion, die nur als schematisierender Einfall gemeint ist, läßt am ehesten die Funktion der männlichen Erziehung deutlich machen. Die ursprüngliche Erziehung dürfen wir uns wie die der Tiere vorstellen; sie ist eine rein weibliche; das zärtlich geschützte Junge, von der Mutter in Körpernähe gehalten, wächst auf und entwickelt sich physisch und psychisch, indem es die große Rekapitulation der Artgeschichte, die mit der Zeugung ausgelöst wurde, über die Geburt hinaus fortsetzt. Das heißt, es reift heran; und die Erziehung sichert dieses in Form, Inhalt, Umfang und Terminen erbhaft vorausbestimmte Reifen. Wahrscheinlich fördert die Erziehung auch diesen biopsychischen Prozeß, vielleicht beeinflußt sie ihn auch. Die Frage ist unentscheidbar. Denn ganz entgegen der populären Ansicht ist es keineswegs ausgemacht, daß z. B. das Sprechenlernen sich anders als der Übergang vom Morula- ins Gastrulastadium der Embryonalentwicklung, nämlich nicht erbbestimmt vollziehe. Der Einwand, ein isoliert aufwachsendes Kind schaffe keine Sprache, ist etwa auf dem Niveau einer Argumentation, die behauptete, der Embryo lerne das Wachsen von seiner Mutter, denn aus ihrem Leib geschnitten, wachse er nicht weiter. Es ist etwas an diesem Einwand, aber nur etwas, und soviel ist auch an dem früheren. Nämlich daß die erbbestimmten Entwicklungsrichtungen und Inhalte der Auslösungen, der Sicherungen, der beeinflussenden Faktoren bedürfen, um völlig wirksam zu werden. Für den Embryo sind sie zusammengefaßt in der Person der Mutter; für das Kind im Milieu, dessen Begriff aber weit genug gefaßt sein muß, um auch die geographische Breite, Klima und vielleicht den astronomischen Ort der Erde mit zu umfassen. Das Kind reift in diesem Milieu als in einem neuen Mutterleib, wie es vor der Geburt in dem Mutterleib als in seinem Milieu wuchs. So wenig wir wissen, welchen Einfluß »der Morgenwind an Mutters Haaren« auf den still wachsenden Fötus hat, so wenig ahnen wir, ob Sirius, Mond und Sonne, die Tiefen des Erdinnern, die Fernen der Erdoberfläche auf den munter heranwachsenden Knaben wirken. Wir sind dieses Nichtwissen gewöhnt. Wir müssen uns aber gewöhnen, unser Nichtwissen einzugestehen, auch wenn es sich um die Zuordnung irgendeines Stückes des näheren Milieus als Ursache zu irgendeinem Stück der Reifung als seiner Wirkung handelt. Gewiß, das Sprechen wird gelernt, so nennen wir eine der möglichen Wirkungsweisen des Milieus, von wann an aber? Das Atmen und Mundbewegen, das Leuchten der Augen, die Mimik des Gesichts, die Pantomimik des Körpers, sie sind gereift, wir wüßten nicht, durch welches Stück des Milieus gefördert, durch welches gehemmt; aber auch das rhythmische Lallen, das bereits klingt wie Papa und Mama, ist noch Reifung. Wir wissen nicht genau, wann und wo eins ins andere übergeht. Und wenn das unbezweifelbare Lernen beginnt bei Vokabular und Grammatik – auch da noch ist nicht alles unbezweifelbar, haben doch die Einjährigen aller Völker eine gemeinsame eigene Grammatik und fast noch die Zweijährigen ihre eigene – wer wollte entscheiden, welches Milieustück fehlen darf und welches unerläßlich ist für den gleichen Enderfolg? Dabei ist die Sprache kein völlig gutes Beispiel, denn sie ist ein teilweise intellektueller Prozeß und fraglich, wieviel davon in jener Urgesellschaft vorhanden war, die uns hier vorschwebt. Genug, es wächst das Kind heran und wird so, wie die anderen seiner Horde sind, es wird so, wenn es unter ihnen lebt, und hat die große Rekapitulation beendet, es ist erwachsen. Es ist vom einzelligen Eichen zum Bürger seiner Gesellschaft up to day geworden. Es gibt in dieser primitiven Gesellschaft noch keinen Geschichtsunterricht, weil es für sie noch keine Geschichte, keine Erinnerung an die Ahnen gibt. Aber vielleicht gibt es in ihr schon Gebilde, von den Ahnen geschaffen und bei den Modernen in Gebrauch, die nicht in der Art fortgepflanzt werden können, die sonst bei Tieren für die Überlieferung neuer Erfindungen üblich ist, sie einfach in Plasma herzustellen: die Horde verwendet Werkzeug; eine praktische Armverlängerung aus Holz, einen überaus verwendbaren Reservebauch aus Ton. Dann ist – im Prinzip – der letzte Abschnitt der Reifung des Jungen dem Erwerb dieser letzten Neuerung des Organischen auf Erden gewidmet; während die ersten Abschnitte den uraltesten Erwerbungen galten: der Lösung des schwierigen Problems, mit dem im Grunde unsere soziale Frage bereits mitgelöst war, wie zwei Zellindividuen, statt einander aufzufressen, trotz ihrer Individuation beisammen bleiben könnten, zu gemeinsamem Nutzen und gemeinsamer vermehrter Sicherung, wenn auch bei geminderter Bequemlichkeit, so doch auch bei gemindertem Bequemlichkeitsrisiko.

Diese grandiose Rekapitulation ist der Wissenschaft ein

Rätsel. Die organische Rekapitulation ist der Schmerz des neugierigen Biologen. Sie sollte es doppelt für den Pädagogen sein. Was immer sie herbeiführt, was immer die Technik dieses gigantischen Wiederholungszwanges ist, ihr Resultat ist die ideale Erfüllung einer Plasmadidaktik, denn der Zögling, der übrigens still und bescheiden, wie nur Embryonen eben sind – aber vielleicht ist das der Grund der prächtigen Erfolge, und die Landschulmeister, die Disziplin verlangen, haben nicht so unrecht –, lernt in neun Monaten den ungeheuren und gewiß langweiligen Lehrstoff der Jahrhunderttausende so vortrefflich, daß er ihn sogar selbst im Schlafe kann. Über den Weg der Kulturrekapitulation, der Hochschule sozusagen, die der Fötus, durch die merkwürdige und vermutlich peinliche Prüfung Geburt reif erklärt, zu beziehen hat, wissen wir durch Freud ein wichtiges Faktum. Sie geschieht, indem sich das Kind mit seinem Milieu identifiziert. Durch Nachahmung, konnte man früher sagen, solange man von den tiefen, unbewußten Vorgängen nichts wissen wollte. Das Kind identifiziert sich mit der Mutter und allem Lebenden seiner Umwelt (mit seinem Milieu), soweit es sie liebt. Die weibliche Erziehung sorgt für den Eintritt solchen identifizierender Liebe, indem sie Liebe spendet. Eine Werbemethode, die beim Säugling nie versagt und, einmal an ihr Ziel gelangt, es beim Kinde unfehlbar festzuhalten vermag. Die organische Rekapitulation, ergänzt und fortgesetzt durch libidinöse Identifikation, macht aus der Eizelle in neun Monaten plus etlichen Kinderjahren den Bürger up to day einer Tiergesellschaft und jener primitiven Menschengruppen.

Eine freundliche Pessimistin höre ich jetzt sagen, ja wozu haben wir dann Schulen? Laßt sie uns zerstören, ersetzen durch diese prächtige, einleuchtende Methode der organischen Rekapitulation und libidinösen Identifikation? – Bravo! Er war wirklich richtig ausgesprochen, dieser Fremdwörter-Vierzack! Geehrtes Fräulein, Sie sind zu optimistisch, Sie müssen ganz durchhalten mit dem Pessimismus und einsehen, daß das leider, leider – in dieser Exklamation sind wir wieder

einige Freunde – nicht mehr möglich ist, seit jene gräßliche Geschichte in der Menschheitsgeschichte vorgefallen ist, die Sie besser in Freuds »Totem und Tabu« nachlesen. Sie werden die Geschichte zwar unglaubwürdig finden. Ich glaube sie und bin überzeugt, daß die menschliche Gesellschaft durch sie jene Komplikation erfahren hat, die leider, leider ein Schulwesen und eine Erziehung, also eine künstliche, institutionelle Methode anstatt jener natürlichen Weisen nötig macht. Wenn auch nicht so schlecht erzogen werden muß, wie Sie in Ihrem Kindergarten tun, da bin ich Optimist.
Die Voraussetzung der »natürlichen Methode« ist nämlich erstens: Daß der »Lehrstoff« durch Identifikation aneigenbar sei. Das ist möglich bei Verhaltensweisen, nicht aber bei Bewußtseinsinhalten. Kenntnisse, diese mögen nun in Erinnerungen oder in Begriffen den Milieupersonen angehören, sind vom Kind durch keine libidinöse Identifikation erwerbbar. Diese folgt den Wahrnehmungen und kann daher die Worte, den Niederschlag solcher Kenntnisse, da sie hör- und sichtbar sind, die Handlungen, die Konsequenzen aus jenen Kenntnissen, da sie wahrnehmbar sind, nicht aber diese selbst aufnehmen und behalten. Die Kenntnisse, sollen sie nicht mit der sie besitzenden Generation aussterben, müssen in einem besonderen Prozeß, dem Unterricht, übermittelt, durch eine spezifische Arbeitsleistung, das Lernen, erworben werden. Wir müssen nicht annehmen, daß Tiergesellschaften und die Menschheit in ihrem Urzustand solche Kenntnisse besaßen. Die Altersklassengesellschaft jedoch kennt bereits den Unterricht, und zwar als kollektive Institution. So werden die Knaben im Hinterlande von Liberia etwa im zehnten Lebensjahre gewaltsam nach dem Zauberwald, dem Grigribusch entführt, wo sie einige Monate in Abgeschiedenheit leben und kollektiv Unterricht in Tanz, Waffenführung, Rechtslehre und den Sexualgeboten und -verboten erhalten. Dieser Unterricht wechselt in anmutiger Weise mit Tätowierung, Beschneidung und anderen grausamen und schmerzhaften Riten ab. Im Zauberbusch verbirgt sich die erste Schule. Der

Unterschied mag sehr beträchtlich, mag imponierend sein, der zwischen dieser Urschule und unseren heutigen verwickelten Unterrichtsinstitutionen besteht. Es ist dennoch das gleiche Prinzip, die spezifische Organisation der Übermittlung von bestimmten Kenntnissen, die von der Gesellschaft für nötig gehalten werden, von ihren Beauftragten unterrichtet, von den Kindern gelernt werden. Und ein Stück des uralten Sadismus, ein Schimmer jener Aggressionsorgie, in deren Dunstkreis die Schule erstmals erfunden wurde, verklärt sie noch heute, gehörte ihr ausnahmslos jederzeit, einmal in hellem Strahlen, einmal in dumpfem Glimmen, zu. So werden die Didaktiker hymnisch sagen. Ich sehe – avisuell, wie ich bin – kein Licht, nur dunkle Finsternis, aber das ist vielleicht nur mein eigenes Augenschwarz, des Pessimisten seines. Aber sehen wir auch schwarz, müssen wir doch nicht ungerecht denken. Die Schule hat's nicht leicht. Sie hat entgegen allen ererbten Trieben in den Kindern, entgegen ihren spontanen Wünschen und Interessen zu wirken; sie steht allemal, ihre Mittel seien humane oder brutale, Naturgewalten gegenüber und vertritt dem Kinde gegenüber die Härte und Kompliziertheit der gesellschaftlichen Realität, die der Menschheit seit ihrem Sündenfall, er sei nun im Paradies oder in der Urhorde geschehen, aufgeladen ist. Sie nimmt den Platz der Engel ein, die vor der verschlossenen Paradiestür des verlorenen Urzustandes stehen, wachend, daß der alte Adam nie wieder zurückkehre, sondern mit Schweiß, Verzichten und Schuldgefühl vor diesen Toren sich ein Ersatzparadies schaffe. Was ihm freilich bisher nur mangelhaft gelang. Aber daran sind gewiß die Engel nicht schuld, ob sie nun Schwerter oder Palmwedel in ihren Händen tragen.
Die andere Voraussetzung für die natürliche Lernmethode ist weniger klar zu formulieren. Wer sie nicht von selbst versteht, wird sie frühestens im letzten Kapitel begreifen. Das heranwachsende Kind, durch unser Fremdwörter-Vierzack in eine bestimmte Reifungsbahn gedrängt, muß zugleich mit der Beendigung der Rekapitulation den psychischen Zu-

stand erreicht haben, der es zu einem in seiner Gesellschaft ungefährdeten, seine Gesellschaft nicht gefährdenden Mitbürger macht. Die sonst so vortreffliche Plasma-Didaktik hat einen beträchtlichen Fehler, sie ist stark konservativ. Für Lehrstoffneuerungen ist sie nicht zu haben. Sie ist schlimmer als unsere Pompes funèbres, die heute noch die Kleider von 1750 tragen. Die Lachse haben nach ihrem Lehrplan heute noch die Geographie von vor Jahrtausenden zu lernen und schwimmen zur Laichzeit aus dem Meer viele Kilometer weit die Flüsse hinauf, um an jenen Stellen zu laichen, wo seinerzeit, in vergangenen geologischen Epochen, die Mündung des Flusses behagliche Bedingungen für dieses wichtige Geschäft bot. Ihnen müssen unsere Universitäten bolschewistisch erscheinen, die 200 Jahre, nachdem der selige Thomasius seine Vorlesungen deutsch zu halten wagte, noch nicht wagen, Latein als ihre Voraussetzung aufzugeben. Die letzten paar Jahrtausende, das ist die bittere Erziehungsnuß. Sind in ihnen Revolutionen vorgefallen, die neue Bahnen für Seelen- und Triebentwicklung vorzeichnen, so bleiben sie im Rekapitulationslehrplan völlig unberücksichtigt, er tradiert noch immer Latein, die Gesellschaft aber – wer kann ihr dies menschliche Verhalten verargen –, sie ist doch gerade auf das Esperanto so stolz, das ihr die Revolutionen ihrer letzten Jahrtausende brachten. Und sie besteht darauf, daß es jedem geläufig werde, ehe er als Erwachsener gilt. Und seit dem Sündenfall ist diese Esperantofrage tausendfach kompliziert, immer aufs neue aktuell geblieben. Erfinderisch in ihren Methoden hat sich die Menschheit hier nicht erwiesen. Wir werden davon noch sprechen. Sie hat gleich anfangs eine Idee gehabt und ist bei ihr geblieben: die männliche Urreaktion zur Hilfs- und Ergänzungsinstitution auszubauen. Das ist ihre Funktion geworden.

Konstruieren wir weiter, dies klar zu machen. Die vorausgesetzte ursprüngliche Entwicklung, die bei den Tieren in gewissem Sinn rein erhalten zu sein pflegt, zeigt drei Wendepunkte im Beziehungsleben des Kindes, des Knaben insbesondere, zur seiner Mutter. Die Geburt wendet es von innen nach außen; aber es bleibt in Körpernähe der Mutter; der erste Schritt wendet es vom Körper der Mutter weg; er bleibt Ziel seiner Ruhewünsche, zu ihm kehrt es zurück, wenn es an Welt und Spielkameraden genug genossen, genug Enttäuschung erfahren hat, aber er ist nicht mehr das einzige, sondern nur mehr das letzte Ziel seiner Strebungen; erwachsen – geschlechtsreif geworden, und das allein heißt dem primitiven Zustand erwachsen – wendet sich das Kind wieder zur Mutter, aber nicht als ruhesuchendes Kind, sondern als Lustsuchender, nach Bemächtigung strebender Mann; gegen die Mutter wendet es sich, im Vergleich zu seiner früheren Verhaltensweise. Sie ist nicht mehr Mutter, sondern sie ist ein Weib wie jedes andere, Trägerin eines lustspendenden Organs.

Zu den Urrevolutionen, die an der Grenze zwischen der Urmenschheit und der menschlichen – wenn auch noch primitiven – Gesellschaft stehen, gehört das Verbot dieser letzten Wendung. Die Erwachsenheit soll nicht mehr in der synthetischen Rückwendung münden, sondern soll die Antithesis des zweiten Schrittes vollenden; sie soll in einer völligen und ewigen Abwendung von der Mutter bestehen. Alle Weiber mögen dem Manne gehören, sie stehen ihm zur Wahl, er darf um sie kämpfen, er steht ihnen zur Wahl; nur diese eine nicht. Sie ist hors concours gestellt, zwischen ihr und ihm ist die Inzestschranke unerbittlich niedergefallen und treibt die Triebe in sonderbare Umwege, die in späteren komplizierten Konstruktionen zu tödlichen Labyrinthen sich verschlingen. Irgendwann, irgendwie ist dies, die Entstehung des Inzestverbotes, in der Urhorde eingetreten, in irgendeiner dunklen Verbindung mit dem anderen Ereignis, jenem Vatermord. Wir wissen darüber nichts und danken Gott, daß wir nicht Ethnologen sind, die das unentwirrbare Bündel von Problemen zu lösen haben, das die innere Chronologie all jener die Menschheit konstituierenden Umwälzungen aufgibt. Uns darf genügen, daß unter den zahllosen Folgen, die dieser Tat und dieser Neuerung entsprangen, auch die der männlichen Urreaktion entsprechende Erziehung ist. Wenig verwunderlich, wo doch kein Zug in keiner der postinzestualen Gesellschaften von damals bis heute der unmittelbaren Nachwirkung jener Urereignisse entbehrt, die zwar uralt, aber dennoch aktuell wie nur eines, lebendig wie keines seither sind.

Den Inzest zu verhindern, nahmen die Männer den Müttern ihre Knaben – und wäre es gewaltsam – fort; in dem Zeitpunkt ihres Erwachsenwerdens den Mord zu verhindern, unterwarfen sie die Getrennten dem Initiationsritus. Durch die Inzestscheu und das Schuldgefühl war die Gesellschaft und mit ihr die Einzelpsyche um Elemente bereichert – oder belastet – worden, die der organischen Rekapitulation nicht zugänglich waren. Denn sie waren ein Neues, neu für das Organische (und Urpsychische) auch noch nach Generationen langer Wiederholung. Sie sind ihm neu – vielleicht – heute noch nach hunderttausendmaliger Wiederholung in hunderttausend Generationen seit der erstmaligen Erfindung. Bei allem Respekt vor der Gewalt des Konservativen im Lebendigen, ich fühle mich nicht geneigt, ihr diese Resistenzfähigkeit gegenüber einem solch eindringlichen Anpassungszwang, wie ihn diese Wiederholungskette darstellt, zuzumuten; und nehme gerne an, daß diese Neuerungen, Inzestscheu und Schuldgefühl, ein völlig ungenießbares Kapitel sind, das die Gesellschaft dem Plasmalehrplan einverleiben wollte. Jene menschheits-, gesellschaftsbildenden Neuerungen sind wahrhaftig ungeheuere Erfindungen von absoluter Originalität. Wir haben uns an sie gewöhnt, sei scheinen uns selbstverständlich, aber nur so lange wir mit ihnen weder denkend noch erlebend zu tun haben. Wir müssen durch diese problemverschleiernde Gewöhnung hindurchsehen und erkennen, daß beide im ganzen Reich des Organischen und Psychischen kein Analogon haben. Sie sind wirkliche Überleistungen, durch die sich das Biopsychische über sich selbst erhebt, so wie sie Freud als Über-Ich dem Es und seinem Ich übergebaut vorstellt.

Werkzeug, Sprache, Denken, Gesellschaft, alles Erfindungen von äußerster Bedeutung, sind doch an keiner Stelle ihrer Entwicklung prinzipielle Neuerungen, nachdem einmal die großen biopsychischen Urerfindungen gemacht waren, als welche z. B. die Differenzierung des Lebendigen aus dem Abiotischen, die Gründung des Zellenverbandes und die organische Arbeitsteilung erfunden waren. Inzestscheu und Schuldgefühl sind Gebilde von solch prinzipieller Neuheit, wie jene Prozesse zu Beginn der Entwicklung des Lebenden. Ich will das nicht mit Sicherheit behaupten, aber es gibt Gründe, die solche Möglichkeit sichern, und diese Betrachtung hat etliche verlockende Schönheiten und Vorzüge. Nur eine naheliegende Folgerung möchte ich abwehren, einschränken wenigstens. Die Menschwerdung wäre demnach ein unvergleichlich wichtiges Faktum in der Geschichte des Lebens – auf Erden wenigstens –, und wie fügt sich dies einer pessimistischen Weltbetrachtung? Ich meine, diese These hat mit ihr wenig zu tun; sie bezeichnet ein Faktum. Die Weltanschauung steht erst bei der Beurteilung der Zukunft in Frage. Und für sie wird der Pessimist geneigt sein, eine sehr zweifelhafte günstige Entwicklung nicht allzusehr zu überschätzen. Er wird finden, daß die Geschichte jener Neuerungen – was man Menschheitsgeschichte nennt – keine glückliche war. Im wesentlichen – mindestens – hat die Natur des Menschen sich erfolgreich dieser Neuerung widersetzt. Nur durch entsprechende gesellschaftliche Einrichtungen ist ein gewisses Gleichgewicht zwischen den Forderungen des Über-Ichs und dem gewohnten Ablauf der Triebe – seit uralten Zeiten gewohnt – hergestellt. Der Menschendurchschnitt steht unter dem Normalniveau der Forderungen, und eine sehr beträchtliche Zahl von Einzelnen bleibt hinter diesem Durchschnitt noch als krank und verbrecherisch zurück. Diese gesellschaftlichen Einrichtungen selbst aber erfreuen sich keineswegs einer zukunftsverleihenden Stabilität. Die Folgen jener Neuerungen im einzelnen sind fragwürdig genug, und wenige von ihnen versprechen ein irgend nennenswert dauerndes Faktum zu sein. Im ganzen ist keineswegs unmöglich, daß die Menschheit (die Gesellschaft der Tiere mit Inzestscheu und Schuldgefühl) an ihren Konflikten zugrunde geht, so wie Seifenblasen zerplatzen, bald oder später, was tut's? Dann wird, statt der unvergleichlichen Neuerung an der Schwelle einer neuen Ära des Bios, nichts als bestrafte Ruhmredigkeit der Menschheit und ihrer Neuerung Schicksal und Name sein. Aber ich möchte nicht verheimlichen, daß es doch spärlich, lächerlich spärlich Fakta gibt, die eine freundlichere Prognose stützen, noch nicht sein, aber denkbar sein lassen. Da ich dieser vagen Möglichkeit eine breitere Darstellung und Erörterung an anderer Stelle widmen möchte, schalten wir die Weltanschauungsaffekte aus und erinnern uns, daß wir von der Grenzensetzung der Macht der libidinösen Identifikation ausgegangen sind. Wir fanden diese Grenze zunächst darin gegeben, daß die Identifikation, an die Wahrnehmung gebunden, nur das Verhalten der erwachsenen Menschen des Milieus wiederholen kann.

Jetzt sehen wir deutlich, daß sie auch dort nicht möglich ist, wo sie die organische Rekapitulation nicht bloß zu fördern, zu hemmen und zu beeinflussen hätte, sondern wo ihr die Aufgabe gestellt wäre, eine der organischen Rekapitulation strikt widersprechende Neuerung zu erreichen. Die Mutter ist in primitiven Zuständen das Objekt der Identifikation, wie sollte an ihr die Inzestscheu gelernt werden? Gibt sie doch das Beispiel des Sexuallebens und erregt die Nachahmung ihrer Kinder; und der Gatte der Mutter, ein zweitrangiges, aber doch das männliche Identifikationsobjekt, weckt die Begierde eben zur verbotenen Mutter, denn daß er etwa seiner Mutter die geforderte Scheu entgegenbringt, kann die Kinder bestenfalls zur Großmutterinzestscheu, aber nicht zur entscheidenden Mutterscheu bringen. Hier hilft kein Mittel als die Zerstörung der ursprünglichen Gesellschaftsform, die Zerschlagung der Mutter-Kind-Gruppe, die Überführung des Kindes vor seiner Mannbarwerdung in ein neues Milieu, das eine Änderung der Richtung der libidinösen Identifikation bewirkt; und die gewaltsame Verzichtserzwingung auf die natürliche Triebbefriedigung durch radikale Versagung, durch Angst, Strafe, Umbau der Affektkräfte und der Ichstruktur durch erlernte Kenntnis, durch Magie und Mythos und neue, der früheren Struktur unbekannte Lust. All dies leistet der Initiationsritus. Er ist vorbereitet in der Umformung der Gesellschaft in Männerbünde und Altersklassen, verankert in der männlichen Urreaktion gegenüber der Entwicklungstatsache: der Kindtötungstendenz.

Nach all diesen Umwegen und Abschweifungen ergibt sich als Funktion der männlichen Erziehung: die Erzielung *der* psychischen Struktur, die den erreichten Gesellschaftszustand zu erhalten vermag, wenn diese psychische Struktur ein Plus an prinzipiellen Gebilden gegenüber der ursprünglichen biopsychischen enthält. Das Kulturplus der menschlichen Psyche zu erzielen und zu verewigen, ist ihre soziale Funktion, denn durch dessen Erzielung konserviert sich die erwachsene Gesellschaft in der von ihr erzogenen Generation. Ich habe oft betont, daß die Scheidung der beiden Erziehungsformen, männlich und weiblich, eine theoretische, wissenschaftliche Abstraktion ist. Im konkreten Fall sind sie in einem bestimmten Mischungsverhältnis vorhanden und erfüllen zusammen die Gesamtfunktion: der physischen Erhaltung der Gesellschaft, der Sicherung und Beeinflussung der organischen Rekapitulation, deren Korrektur und Ergänzung durch Erzielung des Kulturplus: die Erhaltung der erziehenden Gesellschaft und ihrer psychischen Struktur.

Breit und ausführlich habe ich die Urgeschichte der Erziehung – ihre Anfänge – behandelt, von denen wir nichts wissen; ich werde, unserem steigenden Wissen entsprechend, beträchtlich kürzer verfahren, je näher wir dem Zustande der Erziehung in unseren Tagen kommen. Nicht getreu dem Dogma der neuesten Wissenschaftsersätze, viel Kenntnisse hindern die Erkenntnis (Schau), sondern meiner Absicht eingedenk, keine Psychologie, keine Soziologie, keine Geschichte der Erziehung zu schreiben, vielmehr eine Erziehungswissenschaft, die es noch nicht gibt, voraussetzend, die Grenzen aller und heutiger Erziehung abzustecken, dadurch für mich wenigstens und einen meiner Leser jene Erziehungswissenschaft vorbereitend.

Einige Etappen auf diesem langen Weg der Erziehungsgeschichte müssen bezeichnet werden. Sehr früh, so dürfen wir uns vorstellen, dringt die männliche Erziehung in die Paargruppe ein, ohne sie zu zerstören, ohne organisiert zu sein, durchtränkt sie doch die weibliche Verhaltensweise mit allerhand Verboten, neuen Zügen, Umdeutungen, Modifikationen, deren Funktion die Erleichterung und Sicherung der Kulturplus-Erzielung ist. Ich habe früher schon Beispiele dieser Verschiebung des Beginnes der männlichen Erziehung gegeben. Sie tendieren dahin, die Trennung des Kindes von seiner Mutter früher, langsamer oder energischer zu vollziehen; den Vater als Partner in die Objekte der libidinösen Identifikation einzureihen; der rekapitulativen Triebentwicklung Versagungen häufig, früh und anhaltend zu setzen; sie durch Angst zu zersetzen; durch Angstüberwindungen, die neue Lustformen schaffen, endgültig abzuleiten; insbesondere die Mutter zu verhindern, durch ungebrochenen Liebesausdruck allzu intensive Liebesbindung des Kindes zu erreichen.

Ich wage nicht zu entscheiden, und fühle mich nicht veranlaßt, durch irgend eine Konstruktion oder Vermutung den Leser unnötig zu verstimmen oder zu begeistern, ob es diese Maßnahmen, oder welche sonst es waren, genug, ein sehr erstaunlicher Erfolg ist eingetreten. Wann? Wer weiß, vielleicht heute noch nicht restlos, vielleicht in den frühesten Zeiten der Vorgeschichte. Die Kindheitszeit hat sich verlängert. Was ursprünglich eine künstliche Einschaltung in die Entwicklung war, ein Ritus von einigen Wochen, der natürlich das Reifen des Körpers so wenig beeinflußte wie etwa die Abiturprüfung bei deren glorreicher Einführung anno 1812, ist irgend wann einmal eine Veränderung des psychischen Entwicklungsprozesses, seine Streckung um eine stattliche Anzahl von Jahren, geworden. Sie wird in Europa auf etwa zehn Jahre zu schätzen sein. Denn an Stelle der wenigen Monate Initiation bei den Primitiven erleben unsere Kinder eine Fortsetzung ihrer Kindheit über das sechste Jahr hinaus, etwa bis ins vierzehnte, daran schließen sich etwa zwei Jahre Pubertät, und mit sechzehn Jahren erst ist der europäische Jüngling in dem Sinne reif, den die Beendigung der Initiation beim primitiven Jüngling im zehnten oder dreizehnten Jahre ausspricht. Die Kulturentwicklung brachte hier, zum Teil schon in historischen, wohlüberschaubaren Zeiten, Komplikationen und Differenzierungen von beträchtlicher Größe und immenser Bedeutung für die Erziehung. Das ursprüngliche Kind – bei Tier und Urmensch – erreicht zugleich das Ende von physischer Entwicklung und psychischer Entfaltung, es wird physisch und psychisch zugleich reif, die Entwicklung beider Linien geht parallel; ist ihr Ende erreicht, so ist es auch zugleich »sozial« reif, es darf von niemand gehindert werden, sowie es körperlich hiezu fähig ist, sich auch sexuell wie ein richtiges, vollgültiges Tier zu benehmen, und es hat die psychische Bereitschaft hiezu in Einem miterlangt. Die Kultur brachte eine Trennung dieser drei Belange; die psychische, die physische und die soziale Reife haben je ihre eigenen Wege zu gehen und sind zu verschiedenen Terminen fällig. Die soziale Reife ist deutlich von kulturellen Momenten bestimmt; sie ist von der Klassenlage des Jugendlichen und von seinem Vermögen abhängig. Der fünfzehnjährige Proletarierjunge, der in der Fabrik seinen Lebensunterhalt vollständig verdient, hat zwar rechtlich die Selbständigkeit des Erwachsenen noch nicht erlangt, mag als nicht vollwertig von seinen Verwandten und Arbeitsgenossen betrachtet werden, er hat aber doch Freiheiten auch auf dem Gebiet der sexuellen Betätigung, die er nicht nur je nach seiner physischen und psychischen Reife nützt, sondern für die er auch die Sanktion in der öffentlichen Meinung seiner Umgebung erhält. Der gleichaltrige Gymnasiast hingegen wird sich bei gleicher physischer und psychischer Reife dieselbe Freiheit nur als strafbares Verbrechen in aller Heimlichkeit und Verworfenheit gestatten dürfen. Weniger offenkundig ist auch die psychische Reife mehr von Kulturfaktoren als von dem physischen Zustand des Sexualapparates im weitesten Sinne des Wortes abhängig. Die seelische Bereitschaft, erwachsene Funktionen, in der Liebe so gut wie im Wirtschafts- und Kulturleben, auszuüben, kann verfrüht auftreten, zu einer Zeit, wo der Körper, noch unentwickelt oder schwach, diese Bereitschaft zu Phantasien zu verkümmern oder voller Verdrängung anheimzufallen zwingt, wobei die sozialen Kräfte, durch die erziehende Umgebung des Kindes repräsentiert, diesen Untergang beschleunigen. Die Lehre Freuds hat uns gezeigt, wie dieser Fall der normale ist und in verhältnismäßig früher Kindheit statthat. Die seelische Bereitschaft, die psychische Reife, kann aber auch monate-, jahrelang nach der erreichten physischen eintreten. Die Diskrepanz zwischen dem Drängen des Körpers und dem Widerwillen, der Ahnungslosigkeit, der Angst des Ich erzeugt dann jene widerspruchsvollen, genialischen oder idiotischen Wirbelstürme der Seele, die wir Pubertät nennen, und die bis weit in die Zwanzigerjahre hineinreichen, oder aber nach kurzer Zeit erwachsenem Frieden, von Wirbelköpfen als Philisterium beschimpft, weichen können. Die Tiere und die menschlichen Urgesellschaften kennen diese Komplikationen nicht; sie entstanden erst mit diesen Komplikationen der Gesellschaft selbst.

Von unvergleichlicher Bedeutung für die Erziehung war aber eine Entwicklung, die sich in frühesten Zeiten, gewiß bald nach den Revolutionen, die gesellschaftlich durch Inzestscheu und Schuldgefühl entstanden sind, auf einem Kulturgebiet vollzog, das mit der Erziehung selbst unmittelbar nichts zu tun hat. Die primitive Wirtschaft erfuhr prinzipielle Verwandlungen: soziale Macht und Besitzungleichheit, Besitz überhaupt, entstanden; auf dunklen Wegen, die zu verfolgen nicht unser Amt ist. In irgend einer Weise hat das Schuldgefühl, hat der sexuelle Besitzwunsch, die Besitzscheu auf die Wirtschaft und auf Wirtschaftsobjekte übergegriffen. Die durch jene Urrevolutionen geschaffene neue Gesellschaft, die an der Wirtschaftsweise der Urgesellschaft – in gewissem Sinn eine Art Kommunismus – wenig geändert haben mag, deren Reformen sich anfangs auf die neue Gestaltung der sexuellen Frage bezogen, und deren erste Ausstrahlung sich auf sozusagen geistige Gebiete erstreckten (sind doch die Anfänge von Religion, Kunst, Erziehung Neuerwerbungen der auf Schuldgefühl basierten Männergesellschaft), deren tiefste Tendenz auf die Bereicherung der Biopsyche durch das Kulturplus gerichtet war, begann auch die Wirtschaftsweise in das System ihrer Umgestaltungen einzubeziehen. Die Wirtschaft, die sachlichste aller menschlichen Angelegenheiten, wurde in den Wirkungskreis des Libidinösen, des Schuldgefühls hineingezogen. Eine Entwicklung von so ungeheurer Tragweite, von so intensiver Nachwirkung auf jeden Atemzug jedes heute lebenden Menschen, daß ihr gegenüber die Schuldfrage nicht aufgeworfen werden kann und wir uns begnügen müssen und können, festzustellen, daß alle heillosen Verwicklungen, in denen wir leben, in denen die Menschheit seit Jahrtausenden zu keiner Ruhe, zu keinem Glück gelangen kann, daß all dies, das man Weltgeschichte und soziale Frage, Revolution, Entwicklung und Stillstand, Aufblühen von Kulturen und Völkern, Untergang ganzer Länder nennt, daß es, indem der unerschrockene Forscher dahinter letzten Endes die Wirtschaft und ihre autonomen Gesetze und deren allseitige Wirkungen erkennt, in noch tieferer Schicht, aber darum nicht weniger bis ans Gekräusel der Oberfläche reichend, Folge jener in grauen Anfangszeiten eingetretenen Durchdringung der Wirtschaft und damit restlos des Ganzen der Gesellschaft durch das Schuldgefühl ist. Vielleicht hat eine über die Menschheit zu ungelegenster Zeit hereingebrochene Notkatastrophe, die Eiszeit darf hier so gut in Frage stehen wie ein beliebiges anderes Ereignis, diesen Prozeß erzwungen oder ihn nur befördert, vielleicht war er notwendig, zu welchem Endzweck immer, – was sich Sozialismus mit Recht nennen darf, erstrebt seine Liquidation. Der Pessimist wird nicht so unbescheiden sein und erwarten, daß gerade ihm gegönnt sein mag, das Ende einer so langen und so furchtbar verwirrten Geschichtsepoche noch mitansehen, den Beginn einer vielleicht noch längeren und hoffentlich glücklicheren erleben zu dürfen; er wird sogar zweifeln, ob irgend ein Anzeichen verrät, daß dieses glückliche Ende nicht nur ersehnt und erhofft, sondern auch erwartet werden darf, und wenn er heiter von Gemüt ist, wie der Verfasser dieses Buches gelegentlich, so wird er gestehen, daß etwas von Mißgunst und Schadenfreude mit den künftigen Geschlechtern seiner Skepsis beigemengt ist. In jedem Fall hat seit jener verhängnisvollen Irradiation die menschliche Gesellschaft aufgehört, ein einfaches Gebilde zu sein, das in einigen seiner Strukturelemente von den Triebbedürfnissen, in anderen von den sachlichen Bedingungen des Futters, seinem Vorkommen, seinen Bemächtigungsbedingungen bestimmt ist, sondern sie wurde ein in jedem unscheinbarsten und wesentlichsten ihrer Elemente unübersehbar verschlungenes Gestrüpp von Hunger und von Liebe. Kein Wirtschaftszug, der nicht mit – und wäre es unkennbar fein sublimierter – Sexualität gefärbt wäre, keine Regung der Biopsyche, die nicht eingeengt wäre in die konkreten Bedingungen einer Wirtschaft.

Hier ist die Stelle, wo ich gern einige Autoren zitieren würde, um nicht selbst die Verantwortung für Anschauungen tragen zu müssen, die mancher Leser mit mir nicht teilt, wenn ich nur solche Autoren kennte. Aber leider, keiner, von denen ich etwas las, ist von genügender Deutlichkeit und Ausführlichkeit, beherrscht die beiden Tatsachengebiete, wenn es sich darum handelt, die Wechselwirkungen zwischen den Wirtschaftsprozessen und den biopsychischen Reaktionen und Abläufen darzustellen. Der flache Psychologismus in der Soziologie ist längst oder bald in seiner ganzen Langweiligkeit erkannt; weder die Wünsche des wirtschaftenden Menschen noch seine Ideen sind die Motoren des wirtschaftlichen Geschehens; vielmehr sind jene durch es entstanden und diese seine Rechtfertigung (und der Protest dagegen). Aber die tiefere psychische Struktur des Menschen ist unbeeinflußt vom Wechsel der Produktionsformen und ihrer Ideologien. Es ist möglich, viel vom wirtschaftlichen, vom gesellschaftlichen Geschehen zu deuten, als wären hier nur Triebumsetzungen einer menschlichen Seele. Wie die Technologie als Organprojekten gesehen werden kann, so die Gesellschaftsformen als irgend eine psychoide Umsetzung. Es ist, als wäre die Wirtschaftsform eine Art materialer Gestaltung und Rechtfertigung des Gesellschaftsunbewußten; eine Art Ideologie des Schuldgefühls. Man kann Marxisten sehr böse machen durch solche Gedankengänge. Und man verscherzt sich leicht die Sympathien der Psychoanalytiker, wenn man behauptet: trotz allem, Karl Marx hat doch recht. Einfach recht. Beide haben recht. Nicht die Marxisten und die Freudianer, sondern Marx und Freud. Es ist die Geschichte mit dem Zeppelin, der in den längst vergangenen Zeiten, als er noch gar nicht so recht funktionierte, das Argumentum ad absurdum der edlen Kämpen war, die in Freudschen Lehren recht unbegabte und verwirrte Gedankengänge eines perversen jüdischen Gehirnes entdeckten, und die meinten, sie würden ihn völlig zerstören, wenn sie ihn vor die Gretchenfrage stellten, ist jenes Instrument nun ein Penissymbol oder ist es die geniale Konstruktion eines Erfinders, die reale Aufgaben erfüllt? Heute weiß jeder Gymnasiast, daß ein Penissymbol sehr wohl ein brauchbares Flugschiff sein kann, weil jenes einen der Mechanismen der psychischen Erfinder-Leistung, dieses die Bewertung der technischen Leistung bezeichnet. Nicht weniger banal ist sehr bald das psychisch-ökonomische Dilemma zu lösen. Das Heer ist eine strukturierte Masse, »in der jeder Einzelne einerseits an den Führer, andererseits an die anderen Massenindividuen libidinös gebunden ist« (so lautet Freuds böser, »reaktionärer, bourgeoiser« Satz), aber es ist *auch* das Instrument der herrschenden Klasse zur Sicherung ihres nationalen Ausbeutungsmonopols, ihrer Macht, ihres Profits, ihrer Industrie usw. Jenes auf einen seiner psychischen Mechanismen, dieses auf seine soziale (ökonomische) Funktion hin betrachtet. Es ist aber nicht der Hort zur Wahrung Deutschlands höchster

Volksgüter, sondern so wird es gegenüber dem Defaitismus gerechtfertigt. (Verstehen meine teuren Genossen diesen Unterschied; ein wahrhaft kapitaler Unterschied?)
Aber gewiß, man kann noch witzigere Dilemmen erfinden. Kinder jeden Alters fragen, die sexuelle Aufklärung zu höhnen, wer zuerst war: die Henne oder das Ei, und permutieren als geistreiches Problem das Aufklärungsspiel: was zuerst war: die biopsychische Struktur oder die Ökonomie. Nun, kleinen Kindern, die mich derart belästigen, würde ich zeigen, daß sie, so fragend, die Henne so wenig wie das Ei glauben würden, daß sie demnach mir überhaupt nicht glauben wollen, weil sie ja gar nicht das, sondern etwas anderes wissen wollen, z. B. ob ich bürgerlich oder kommunistisch wähle. Hingegen reiferen Erwachsenen kann man doch vielleicht klarmachen, daß unbezweifelbar das Ei an allem Anfang stand, wo hingegen, falls sie nach dem Hühnerei fragen, hinwiederum die Henne selbigem voraufgegangen sein muß. Und gleicherweise die biopsychische Struktur ganz allgemein vor der Wirtschaft da war, welche eine Reaktion dieser Struktur auf ökonomische Not ist (siehe Amöbe), während die aus einer bestimmten Wirtschaftsweise sich ergebenden Strukturänderungen und -ergänzungen wieder der Ökonomie folgen. Großen Kindern dagegen würde ich sagen, daß das eine überaus schwierige Frage sei, die ich ihnen erst beantworten könnte, wenn sie hübsch fleißig Biologie, Psychoanalyse und Soziologie von Grund auf gelernt hätten. Denn große Kinder sind sehr große Dummköpfe in allen Fragen der Aufklärung. Ich maße mir nicht an, als Stegreifübung und Fleißaufgabe die Beziehungen soziologischer Natur hier reinlich zu formulieren, ich gehe aber – unbekümmert von solchen Argumenten, bekümmert bloß durch das Gefühl, daß ich Selbstverständlichkeiten nur wegen meiner Literaturunkenntnis, fürchte ich, wie originelle Gedanken ausstaffieren muß – den Zickzackweg dieser Erörterungen weiter, selbst schon neugieriger und ungeduldiger als der Leser, wo in diesem Dikkicht die Grenzsteine der Erziehung sichtbar werden sollen?

Und überrasche uns alle durch die Behauptung, es gebe natürliche und unnatürliche Wirtschaftsweisen. Und setze mit der noch erstaunlicheren Banalität fort, die Tiere bedienten sich im allgemeinen der natürlichen Wirtschaftsweise. Sie besteht darin, daß der Nahrungserwerb ein direkter ist. Sie jagen und verzehren dies Gejagte in den Anteilen, die der Stärke oder der Jagdbeteiligung jedes Einzelnen zukommen. Dies gilt auch für die Pflanzenjäger; auch dort, wo so etwas wie Bewirtschaftung vorkommt: Aufbewahren des Futters für die Zeit der Not. Herabsetzung der Arbeitsleistung und gleichzeitige Erhöhung des Jagd-(oder Arbeits-)Anteiles für gewisse Individuen; gesellschaftlich verankerte Abgaben des einen Individuums an ein anderes, die nicht in Liebe begründet wären, also Ausbeutung durch Herrschaft ist eine Gesellungsform, eine Wirtschaftsweise, die der biopsychischen Struktur fremd ist, die, wo immer sie besteht, dem Kulturplus angehört. Dieses der Kindheit zu vermitteln, die ohne solche Vermittlung die nötigen Verhaltensweisen nicht annehmen, deren Formulierung in Recht, Sitte, Religion nicht kennen lernen würde, ist eine Funktion der Erziehung. In einem gewissen Maß muß die Erziehung diese spezielle Funktion im Rahmen ihrer allgemeinen Funktion der Erhaltung der Gesellschaft in ihrem Kulturplusniveau auf jeden Fall anstreben, wie immer die Gesellschaft auch sonst strukturiert sei. Zwei Fälle bestehen aber, in denen dies Spezielle zu ihrer wichtigsten Funktion wird. Dort, wo die Wirtschaftsweise langjähriger Vorübung bedarf, und dort, wo sie ausschließlich durch Macht erzwungen wird. Der erste Fall ist leicht einzusehen: Gesetzt, die Menschheit würde verhungern – und zwar zweifelsfrei und schleunigst –, wenn nicht jeder ihrer Erwachsenen 5 000 Bücher auswendig kann, dann müßte durch ein System von sehr komplizierten Einrichtungen dafür gesorgt werden, daß jedes Kind von seinem möglichst 1. Jahre an beginne, einen Teil dieser Memorierarbeit zu leisten, und sie bei seiner Reife beendet habe. Wollte diese Gesellschaft sich erhalten, so müßte sie wohl diejenigen, die ihr Jahrespensum nicht erreicht haben, töten. Ich schätze, daß es sehr schwierig sein würde, dieses Resultat mit einer nötigen Anzahl von Überlebenden zu erreichen, d. h. es müßte im Zentrum der gesamten Erziehung diese Aufgabe stehen, und jede Sekunde des Kinderlebens wäre durch eine Rücksicht auf sie determiniert. Die Erziehung erfüllte ihre Funktion, das Kulturplus zu vermitteln, indem sie eines seiner Elemente als das wichtigste allen anderen vorzuziehen hätte, es gegebenenfalls auf deren Kosten erreichen würde. Unsere bürgerlich-kapitalistische Gesellschaft ist ein ungeheures Magazin von Sinnlosigkeiten, diese aber ist weder wörtlich noch symbolisch in ihm enthalten. Man kann unserem Produktionsprozeß und seinen ganzen Folgen, unserer Wirtschaft, nicht vorwerfen, daß zu ihrer Erhaltung besonders lange, besonders komplizierte Vorbereitungsmaßnahmen in den wirtschaftenden Individuen nötig wären. Die weitaus überwiegenden Einzeltätigkeiten, aus denen sich unsere gesellschaftliche Wirtschaftsarbeit zusammensetzt, sind von Kindern zwischen acht und zwölf nach kürzester Lernzeit, ja ohne sie leistbar. Sie wurden lange genug und werden auch jetzt noch in großem Maße tatsächlich von diesem Alter geleistet. Den Kindern fehlt Körperkraft, Erfahrung, Widerstandsfähigkeit, Ausdauer, werden sie aber älter, so stellen sich diese Eigenschaften ein oder sind durch Zwang erreichbar. Der Jugendliche erlernt die Wirtschaftstätigkeit in wenigen Wochen, in längstens ein bis zwei Jahren, ohne daß sein Kindheitsleben irgendwelcher spezieller Vorbereitungen bedurft hätte. Nur ganz wenige, übrigens ökonomisch sehr unwichtige Berufe bedürfen einer spezifischen Vorbereitung in der Kindheit, das Seiltanzen, Pianovirtuosentum und erbmonarchische Regieren etwa. Zerstört man etliche tief abergläubische Überzeugungen in sich, etwa die, daß Diplomaten und Politiker, Bureaukraten, Juristen, Bankiers vieljähriger Ausbildung bedürfen, der noch überdies eine vieljährige spezielle Kindheits- und Jugenderziehung voraufgegangen sein muß, so wird man finden, daß, von ganz wenigen Gruppen und Individuen abgesehen, die

Vorbereitung für die Wirtschaftsfähigkeit nicht zu den zentralen Funktionen unserer Erziehung gehört, die Wirtschaftsweise nicht zu jenen Elementen des Kulturplus gehört, deren Erreichung zur tragenden Funktion der Erziehung geworden ist. Trotzdem ist unsere Erziehung bis in ihre nebensächlichen Details von Geburt an auf die Wirtschaft eingestellt. Und zwar aus dem sehr einleuchtenden Grund, weil sie den zweiten Grenzfall darstellt; sie ist durch Macht, durch Herrschaftsverhältnisse bestimmt.

Es ist eine recht betrübliche Komplikation, die unsere so einfache Formel der Funktion der Erziehung durch diese Tatsache erhält. Noch betrüblicher aber ist, daß diese Komplikation durch allerhand Umstände so sehr verdunkelt ist. Die intensivste Dunkelheit geht von der Pädagogik aus. Wir haben diese Tagnachtlampe beiseite gestellt. Wollen sehen, ob wir uns nunmehr rasch genug, um Verleger nicht durch zu dickes Manuskript, Leser nicht durch zu gelehrtes Format abzuschrecken, in dem verbliebenen Naturschwarz zurechttappen können. Wie es so wurde, weiß der gebildete Leser oder kann es in seinem Bücherfach nachlesen. Es kam jedenfalls so zwischen 1300 und 1500 im Abendland zur kapitalistischen Klassengesellschaft und kommt so seit 1789 immer besser und bunter. Uns interessiert nichts vom ganzen Drum und Dran, sondern das Einfachste und Wesentlichste, daß in solcher Klassengesellschaft die Wirtschaft keineswegs dazu dient, den Hunger der Menschheit, ich meine jedes einzelnen Menschen, zu stillen, sondern dazu, den durch Genuß überreizten Appetit ihrer Minderheit, und zwar einer recht unbeträchtlichen Minderheit, der Angehörigen der herrschenden Klasse, bis zur Übersättigung zu befriedigen. Wobei als idealer Wirtschaftszustand der intendiert wird, in dem die herrschende Klasse nicht nur von jeder körperlichen Arbeit befreit ist, sondern ihre wirtschaftliche Tätigkeit sich im Konsum der Wirtschaftsgüter und in der Produktions-Leitung, also in einer künstlerischen, spielerischen, von äußerem Zwang freien, der eigentlich menschlichen, Arbeitsart erschöpft. Daß diese überaus gebildete und kultivierte Wirtschaftsordnung, die sich mit Recht als gottgewollt bezeichnet – denn daß sie von Menschen nicht gewollt sein darf, duldet keinen Zweifel –, der Mehrheit der Betroffenen wenig gefällt, das ist ihre wunde Stelle. Warum die besagte Mehrheit die Minderheit nicht einfach vernichtet hat, ist nur sehr schwer einzusehen. Gedacht hat sie daran, sie hat es gelegentlich auch versucht. Ich kann nicht finden, daß sie dabei glücklich verfahren ist. Entschuldigungsgründe bietet sehr reichlich die Tatsache, daß die herrschende Klasse sich natürlich nicht damit begnügt, die Wirtschaft zu beherrschen, sondern daß sie klug und konsequent jegliche Herrschaftsposition besetzt und zur Sicherung ihrer wirtschaftlichen Situation verwendet hat. Sie liegen auch in sehr merkwürdigen ökonomischen Tatsachen, denn dieses wie jedes ökonomische System hat seine autonome Logik, sie heißen diesen Falls die Gesetze des Kapitals. Zu ihnen gehört ein Faktor, der für die Nationalökonomie nicht von solcher Wichtigkeit ist wie für die Erziehungswissenschaft. Die Herrschaftsgewalt der herrschenden Klasse ist in der mannigfaltigsten Weise verschleiert. Die ausgebeutete Mehrheit ist nicht nur in gewissen wichtigen Belangen an die Interessen der herrschenden Klasse gebunden, sie ist nicht nur in ihrer eigenen Machtentwicklung gebrochen, indem weite Kreise von ihr der herrschenden Klasse nähergerückt sind als ihrer eigenen, die Bourgeoisie weiß auch diese verbliebene Macht von den eigentlichen Quellen abzuleiten. Dem Proletariat wird der Feind geheimgehalten, es werden ihm Pseudofeinde präsentiert, an denen es seine Affekte abreagieren und durch Serien vergeblicher Revolten seine Machtlosigkeit resignierend erleben soll.

Es ist bekanntlich die Arbeiterbewegung, der Marxismus, dem es zu verdanken ist, wenn dies dem Bürgertum nicht völlig gelang, es ist die Folge, des ferneren, der Tatsache, daß das Klasseninteresse der Bourgeoisie seinerseits den Gesetzen des Kapitalismus unterworfen ist, das der Ausbeutung gewisse Grenzen, der Sozialreform gewisse Ziele setzt, es ist schließlich das Ergebnis der historischen Situation, daß nämlich das Bürgertum aufstrebend revolutionäre Aufgaben gegenüber der es beherrschenden feudalen Klasse hatte und der Hilfe des Proletariats bedurfte, die – ungern und untreu genug – bezahlt werden mußte. Allen diesen Mächten gegenüber hat die herrschende Klasse als sehr respektables Kampfmittel die Erziehung. Sie verleiht ihr eine Tendenz: Die Macht der herrschenden Klasse zu sichern. Diese Machtsicherung ist durch die Erzielung des Kulturplus in der heranwachsenden Generation nicht gegeben. Inzestscheu, Schuldgefühl mit allen seinen seelischen und geistigen Folgen und Schöpfungen, die ganze Fülle europäischen Könnens und Wissens und die Beherrschung der heutigen Produktionsweise, dies alles begreift noch keineswegs in sich die Bejahung der konkreten Machtbeherrschung und Gewinnverteilung, die bürgerlich-kapitalistische Ordnung heißen. Denn die Herrschaft der Bourgeoisie ist eine Zwangs- und Gewaltherrschaft; eine solche kann durch kein anderes Mittel als durch fortgesetzte Zwangs- und Gewaltherrschaft erhalten und fortgepflanzt werden. Sie kann eben nur weitergepflanzt werden. Das heißt, im Grunde bedarf es keiner Erziehung, da ihr wesentlichstes Zielstück ohnehin nur durch Machtausübung erreicht werden kann. So war es auch lange genug. Wem war es vor Pestalozzi eingefallen, die »Armen« zu erziehen? Die bedrohte Klassenherrschaft erst ist es, die in die Erziehung, welche ihre Funktion still und selbstverständlich erfüllte, eine Tendenz einführt. Und zwar um die Machtausübung zu erleichtern, die neuen Gegenmachtkonzentrationen, die dem Bürgertum in der organisierten Arbeiterschaft erwachsen, zu paralysieren. Die Erziehung wird ein Gegenstand öffentlichen Interesses.

Die Tendenz ließe sich von einem unvorsichtigen, aber sehr klugen und klassenbewußten Bürger Machiavell etwa so formulieren: die Kinder müssen die bürgerliche Klasse lieben lernen. Und dieser Unterricht muß so nachdrücklich, so sicheren Erfolgs sein, daß ein ganzes Leben, in Not und Sklaverei

verbracht, nicht hinreicht, diese Liebe zu verlöschen. Was in Wahrheit gewaltsam erzwungene Ausbeutung ist, wir wissen es, soll ihnen als freiwillig dargebrachtes Opfer der Liebe erscheinen. Sie sollen Mehrwert leisten, aber sie sollen es gern tun, aus innerem Liebeszwang, so wie der Liebhaber seiner Geliebten, der Gläubige seinem Gott opfert.
Bei Gott, Bürger Machiavell ist ein kluger Mann. Wir ernennen ihn zur Exzellenz Unterrichtsminister und beauftragen ihn, dies teuflische Kunststück durchzuführen. Er – schlau wie er ist – studiert keineswegs als Vorbereitung experimentelle Didaktik, belegt kein einziges Kolleg von Spranger, hat eine diabolische Art, Sterns Kinderpsychologie und F. W. Förster zu loben, ohne sie zu lesen, aber er hat die Psychoanalyse profund kapiert und hält den Hofräten und vortragenden Räten seines Ministeriums ungefähr die folgende Programmrede (gekürztes Stenogramm):

». . . Dieses, unser Ziel, zu erreichen, schlage ich Ihnen folgende organisatorische Maßnahmen vor. Sie müssen nämlich verstehen, daß die Organisation des Erziehungswesens das entscheidende Problem ist, das wir konsequent und unerbittlich unserem Einfluß restlos vorbehalten müssen, während wir die Lehrplan- und Unterrichts-, selbst Erziehungsfragen beruhigt den Pädagogen, Ideologen, ja selbst den Sozialdemokraten überlassen können. Doch werde ich auch in dieser Zulassung taktisch vorgehen. Sie wird gefordert werden, wir lassen lange um sie kämpfen und gewähren sie in Form von Konzessionen immer dann, wenn wir eine Ablenkung der Aufmerksamkeit in der Öffentlichkeit für nötig halten. Also die erste organisatorische Forderung ist: Trennung der bürgerlichen Jugend von der proletarischen. Ich hoffe, Sie vergessen keinen Augenblick, daß wir uns in geheimer Amtssitzung befinden, und werden sich hüten, der Presse diese Formulierung mitzuteilen. Es ist dies auch nicht nötig, denn die bürgerliche Jugend sind die Kinder jener Familien, die vor jeder Proletarisierung in dieser Generation völlig gesichert sind. Es sind nicht sehr viele. Aber es sind die, auf die es ankommt. Wir haben sie keineswegs in getrennten Schulen zu erziehen. Dies würde unnötiges Aufsehen erregen. Und das Vermögen und soziale Ansehen ihrer Väter sichert ihnen ohnedies eine ungestörte Schullaufbahn. Sie sind die erblichen Herrscher unserer Gesellschaft und Wirtschaft, bestimmt, ihre Macht ungekrönt und unbekannt sogar auszuüben. Es wird ihnen nützlich sein, den Zauber solcher Inkognitoexistenz und die Befähigung hiezu an Schule und Universität frühzeitig zu erfahren und zu üben, scheinbar völlig gleich allen anderen, in Wahrheit schon die Herrscher mit der Schiefertafel – die wir übrigens abschaffen sollten, da wir nicht genug Revolutiönchen machen können, und Sie sollen sehen, wie unser Staat ein Jahrzehnt lang von der wichtigen Frage: Schiefer oder Papier für Schulanfänger widerhallt! Wenn ich sage, wir wollen die bürgerliche Jugend von der übrigen trennen, so meine ich die Kinder jener Familien, deren künftige Klassenzugehörigkeit unsicher ist, die wir mit den Thronfolgern zusammen erziehen, aufwachsen lassen wollen. Sie werden sich, infolge der libidinösen Identifikation, wie Bernfeld sagt, für ihr Leben unseren Kapitalfürsten anschließen und ihnen treue Lehensritter sein. Natürlich bloß mit der Treue, die Lehensrittern seit alters her spezifisch war. Die provisorische Treue. Sie werden sich redlich bemühen, an die Stelle des Fürsten zu gelangen, sein Land – ich meine das bildlich, wie Sie wohl verstehen – zu erobern, den Fürsten zu töten. Aber, und wenn ihr Gehalt kaum zum Leben hinreichen sollte, sie werden zwar die persönlichen Feinde aller Besitzer, aber nimmermehr des Besitztums sein, mit dem sie identifiziert sind. Eine tüchtige Identifikation zeugt Hoffnungen, denen lebenslängliche Enttäuschungen nichts anhaben. Ich empfehle also einen Intellektuellenstand zu schaffen, indem Sie die quasi bürgerliche Jugend durch eine Bildungskluft von der proletarischen trennen und sie durch Identifikation für ewig im Wünschen und Denken mit der besitzenden Klasse verknüpfen. Diese psychologische Basis erst wird sie gegen die Einsicht ihrer ökonomischen Situation sichern und ihre individuellen Chancen für den ökonomischen Aufstieg, die, wenn auch klein, im Prinzip vorhanden sind, im Sinne ihres Ideals erkämpfen lassen. Nur so erreichen wir die paradoxen Existenzen, die ohne Besitz für ihn kämpfen, denn der integre Bestand unserer Klassenherrschaft gibt ihnen die Chance, ihr Ideal zu erreichen, ja es ist mit ihr eigentlich schon erfüllt. Unter zwanzig Jahren werden wir keinen dieser Jünglinge, womöglich keinen unter fünfundzwanzig Jahren, in die wirtschaftliche Realität eintreten lassen. Jeder soll ad libitum die Glücksmöglichkeiten des Besitzes kosten, sie sollen sich ihm mit der Lust der jungen Erotik, mit Freiheit und Trubel unlöslich verknüpfen, er soll in diesen gefährlichen Jahren, wo Querköpfe, und in der Pubertät wird man sehr leicht querköpfig, bereit sind, die Gesellschaft auf Gerechtigkeit und Recht zu prüfen, sie nicht kennen lernen in ihrem wirklichen Bestand. Und wenn er sie mal kennen lernt, soll er sie und ihre Vorteile, für sich und den Besitzenden überhaupt, nicht mehr entbehren können; sie sollen sehen, wie er sie gründlich auf Grund seiner erlernten Philosophie bejahen wird. Ich werde verbieten, daß man Studenten auf den Universitäten duldet, deren Väter sich nicht zu einem largen Taschengeld entschließen wollen und können. Solche Kerle sind in höchstem Maße staatsgefährlich . . . Diese Jugend bleibt also bis in die zwanziger Jahre in der Schule. Das heißt, meine Herren, ich warne Sie aufs ernsteste, sich hier in die pädagogischen Fragen einzumengen. Hierin haben Sie keinerlei Meinung und Überzeugung zu haben. Vergessen Sie nicht, Sie sind Beamte eines Unterrichtsministeriums. Als solche haben Sie in Unterrichtsfragen strengste Neutralität zu wahren; es kann allerdings opportun sein, gelegentlich einen anderen Anschein zu erwecken. Was in diesen bürgerlichen Schulen mit der Jugend geschieht, ist völlig gleichgültig. Denken Sie diesen Gedanken durch! Wichtig ist bloß, wer in sie aufgenommen wird, und ob die Anstalten der quasi bürgerlichen Jugend die Möglichkeit geben, die Annehmlichkeiten eines kultivierten Lebens schätzen zu lernen, verbunden mit der Erkenntnis, daß diese nur durch den Bestand unserer vortrefflichen Ordnung gesichert, für sie selbst gesichert sind. Wir müssen durchaus das Vorbild der englischen Colleges erreichen. Doch empfehle ich Ihnen den Namen Landeserziehungsheim oder zur Verwirrung der revolutionären Jugend den der Schulgemeinde. Schütteln Sie nicht die Köpfe! Wir dürfen nicht kleinlich sein. Ich werde versuchen, jeden Unterricht in diesen Schulen abzuschaffen, doch sehe ich, daß wir eine Übergangszeit nötig haben. Für sie gilt: Unter Berücksichtigung des Prinzips der Jugendgemäßheit aller Erziehung ist die Pubertät, die idealistische Lebenszeit kat exochen, mit großen Worten zu füllen. Als solche werde ich vorschreiben: Vaterland – Kultur – Nation – Kultur – Wissenschaft – Kunst – Kultur – Volk – Rasse – Kultur. Die Lehrer werden beauftragt sein, zu glauben, daß dies die Maßstäbe und Merkmale des Fortschritts sind, und werden zu zeigen haben, daß die letzten Jahrhunderte eine Kette von glücklichen Entwicklungen sind, unterbrochen von kulturfeindlichen Revolutionen, die ja Kulturwerte zerstört haben, während die Volksrestaurationen sie vermehrt haben. Da doch unsere Klasse die kultiviertere, wohlhabendere und glücklichere ist, repräsentiert sie das Volk, und dieses soll allgemach zu ihr erhoben werden. Bis dahin wird statt »unsere Klasse« natürlich Volk gesagt. Ich wette, keiner der Lehrer wird hier eine Schwierigkeit finden. Sie werden bei den klassischen Autoren und bei den Dichtern des vorigen Jahrhunderts sehr brauchbaren diesbezüglichen Lesestoff finden. Aber nur keine Pedanterie; glauben Sie ja nicht, daß wir irgendein Interesse daran haben, daß diese Jugend etwas lerne. *Sie* dürfen nicht altmodisch sein; es ist hingegen sehr nützlich, wenn es die sozialistischen Parteien sind. Wir haben die Aufgabe, unserer Jugend eine feste Ideologie zu geben. Die lernt man nicht. Sie bildet sich von selbst an den Annehmlichkeiten eines parasitären Lebens. Wir brauchen nur ein paar Stichworte zu geben, um den von selbst keimenden Gedanken die Autorität eines Kulturgutes zu verleihen. Im übrigen muß die Jugend zu Selbstbewußtsein erzogen werden. Sie muß von ihrem Adel, ihrer Schönheit, ihrer Kulturmission überzeugt sein. Scheuen Sie sich nicht, hier Wyneken zu verwenden. Es ist ganz ungefährlich. Denn alle Gefahrenkeime heben Sie auf, wenn Sie dieses Selbstbewußtsein der Jugend auf ihre Klasse übergehen lassen. Wir sagen natürlich Volk, Deutschtum und nicht Bürgertum. Gewiß, das deutsche Volk neigt sehr dazu, diesen Begriff Volk nicht zu akzeptieren. Es ist dies eine ungeheuer gefährliche Tatsache. Sie kann aber paralysiert werden durch eine verhältnismäßig leichte Reform. Sie verlangt nur den Mut zu einer völligen Dummheit. Man müßte die unbewußte Angst des Deutschen, die einem tiefen Minderwertigkeitsgefühl entspringt, in Aggression wenden. Man müßte die Deutschen glauben machen, sie hätten einen ungeheuer mächtigen, gemeinsamen Feind, der unsere, ich meine des Volkes, heiligsten Kulturgüter gefährdet, den man durch gemeinsame, ungeheure Tat zu vernichten hätte. Nur freilich darf das kein wirklich gefährlicher Feind sein, etwa Franzosen, sonst entsteht ja Realangst, und wenn wir ihn etwa besiegen, so stehen wir, wo wir vorher standen. Es müßte eine Fliege, ein Nichts sein. Das hätte auch den Vorteil, daß wir romantische Elemente, die dem Deutschen und seiner Jugend liegen, mit verwenden könnten. Was meinen Sie zu einem Geheimbund von Fremdländischen, der die Deutschheit verfolgt? Man kann große Menschenmengen zu tiefen Identifikationen untereinander und mit irgendeinem Menschen bringen, wenn sie vor einer gemeinsamen unheimlichen Gefahr stehen und Irgendeiner springt vor und rettet sie. Verstehen Sie allmählich, was ich vorhabe? Wir versetzen die Jugend – und mit ihr die Gesamtheit – und zwar vorerst die quasi bürgerliche Jugend in panischen Schrecken vor einer unheimlichen Macht, die sie bedroht, und dann springen *Wir* als ihre Retter vor und Führer. Lesen Sie von Professor Freud: Massenpsychologie – ein sehr brauchbarer Autor, sage ich Ihnen, wenn das nur die Sozialisten nicht auch merken, aber zum Glück scheinen sie ihn für einen Bourgeois zu halten – also bei Freud holen Sie sich die Überzeugung, daß mein Vorschlag gelingen muß. Der bürgerliche Typus, die bürgerlichsten Individuen würden zu den Idealen der Jugend werden, und sie würde in diesem Ideal sich zu einer selbstbewußten, stolzen, exklusiven Gemeinschaft bilden, die zugleich restlos führbar wäre. Wenn wir nur den Feind hätten. Es ist schwer, ihn zu finden, denn er darf nicht da sein, und muß doch glaubhaft sein. Ich empfehle, die Juden zu diesem Feinde zu ernennen. Sie sind wirklich ungefährlich. In Deutschland stehen dieser 600 000 (mit Weib, Kind, Tuberkulose und Krebs) gegen 60 000 000. Das ist ein gutes Verhältnis. Und sie sind wirklich ein in jeder Hinsicht brauchbares Volk; sie werden uns selbst helfen, in dieser oder in jener Weise. Sollten sie aber ja einmal geprügelt oder totgeschlagen werden, so sind deren in anderen Städten und Ländern genug übrig, um den Schrecken vor ihnen permanent zu erhalten. Mit Hilfe des sorgfältig gepflegten und angewandten Antisemitismus erhalten wir jene stolze und selbstbewußte, nämlich von sich, ihrer Wertigkeit, ihrem Volks- und Rassenadel durchdrungene bürgerliche Jugend, die identifikatorische Bestrebungen bis in weite Schichten des Proletariats erwecken wird. Und auf diese Haltung und Einstellung des Proletariats kommt es uns an. Damit kommen wir an jene Organisationen der Erziehung, die sich an die proletarische Kindheit und Jugend wenden. Wir sind in völliger Übereinstimmung mit den Interessen der Industrie, wenn wir den Grundsatz strenge durchführen werden: die proletarische Jugend gehört in die reale Wirtschaft, in die Fabrik. Es dient auch dem wohlverstandenen Interesse des Kapitals, wenn auch nicht immer dem Wunsche jedes einzelnen Unternehmers, die Kinder bis zu einem gewissen Grad der Arbeit zu entziehen und sie in den Schulen zu sammeln. Als den für unsere Zwecke günstigsten Termin für den Schulbeginn habe ich das sechste Lebensjahr erkannt. Das Kind hat eben eine überaus wichtige Katastrophe, psychologisch, ja psychoanalytisch gesehen, hinter sich, oder befindet sich in ihr. Es hat vor der väterlichen Besitzmacht, unter starker Angstentwicklung, kapituliert und auf den Besitz der geliebten Mutter verzichtet. Es sucht nun für seine ungebundene Liebe neue Objekte. Sie sollen ihm in Gestalt seiner Lehrer, noch besser wären prinzipiell unverheiratete Lehrerinnen, unserer Agenten, entgegentreten. Es hat sich aber zugleich eine sehr tiefe Einsicht in seine eigene Unzulänglichkeit geholt, damit die Bereitschaft, sich Autoritäten zu unterwerfen, die noch unterstützt wird durch die in diesen frühkindlichen Kämpfen und Ablösungen entstandene Instanz im eigenen Ich, das Schuldgefühl, die Strafbereitschaft. Erwacht nun irgendeine Regung der Auflehnung, so wird sie sich in der Autorität der Schule die empfindlichste Niederlage holen. Dabei sorgen wir dafür, daß die Schule eine Staats- und Volkseinrichtung wird, und erreichen so, daß das Kind den Staat und das Volk als eine erweiterte Familie auffassen lernt; was zwar grundsätzlich falsch ist und selbst für unseren Staat nur sehr teilweise gilt, aber die günstigste psychologische Atmosphäre für seinen Bestand, das sicherste Schutzmittel – soweit eben psychische Angelegenheiten hier mitwirken – gegen jede entschiedene Gesellschaftsrevolution ist. Wie die Familie, sage ich: da ist der Vater, der befiehlt und straft, der aber auch freundlich ist, wenn eins sehr brav war, aber auf alle Fälle fern und übermächtig. Er trägt den schönen Titel: Direktor. Da ist die Mutter: die Lehrerin, die freundlich, nah, liebevoll, aber launisch ist, die man gleichfalls, aber deutlicher noch durch Bravheit gewinnt; die ihrerseits vor dem Direktor zu zittern hat. Da sind schließlich die Geschwister Schulkameraden, nach Sitte und Recht alle einander völlig gleichgestellt, aber freie Bahn ist dem Tüchtigen offen; der volle Betrieb der freien Konkurrenz ist durchgeführt; man kann nach oben gelangen auf den ersten Platz in der Klasse und in der Liebe der Lehrerin, wenn man tüchtig ist, tüchtig im Wissen oder im Schwindeln, im Schmeicheln oder in der Energie. Die inhaltliche Erfüllung dieses Betriebes geht dahin: Schul- und Bücherwissen über alles hoch und jenseits jedes Zweifels zu stellen. Und in diesem Rahmen werden die Geschichten, die die Lehrer den Kindern von der bürgerlichen Gesellschaft erzählen, ihren Zweck nicht verfehlen . . . Die Krönung dieses Schulwesens ist aber in der Organisation der Pubertätserziehung gegeben, die ich besonders sorgfältig durchdacht habe. In dieser Zeit entsteht eine neue Welle von Autoritätsablehnung und die Neigung, das eigene Leben und das der Gesamtheit einer Art sittlicher Revision zu unterziehen. Wir müssen bemüht sein, die Früchte der Kindererziehung diesen Gefahren zu entziehen. Daher werden die jungen Proletarier ihrer ökonomischen Situation völlig überlassen. Ihre Eltern werden sie zu wirtschaftlicher Selbständigkeit treiben, und sie werden in Fabrik und Lehre, wenn wir nicht eingreifen, ein ihren erwachsenen Klassengenossen völlig gleichartiges Leben führen, ja da zu erwarten ist, daß ihre Gewerkschaften schwächer sein und die Organisationen der Erwachsenen für sie weniger stark eintreten werden, müssen sie unter einem härteren Druck der Ausbeutung stehen. Sie werden, da ja die Schule sie dahin vorbereitet hat, auch die Fabrik und das ganze Wirtschaftsleben unter der affektiven Einstellung der Familie – unbewußt, versteht sich – auffassen. Das heißt, sie werden ihre Aggressionen und Liebeswerbungen auf den persönlichen Vorgesetzten oder den Einzelunternehmer richten. Die sozialistischen Parteien werden es sehr schwer haben, ihnen dahinter die bürgerliche Klasse zu erweisen. Wenigstens wird die Aufklärung nicht in tiefere seelische Schichten dringen. Die Pubertät, eine Zeit intensiver sexueller Anwandlungen, wird zu Sexualisierungen ihrer wirtschaftlichen Tätigkeit drängen, da in dieser Fabriks- und Familienenge zu höheren Sublimierungen kein Platz ist. Der wirtschaftliche Bezirk wird sich ihrem unbewußten Denken mit dem sexuellen vermengen, der ausschließend Besitzende, der Unternehmer, oder auch sein Direktor oder Werkführer, wird ihnen Vater sein. Und hiermit wird die überwiegende Menge in ihrer Aggression und Auflehnung, so lärmend sie auftreten mag, innerlichst gebrochen sein, denn sie ist paralysiert durch die Erinnerung an die infantile Katastrophe, die derselben Situation entsprang, und wird gebunden sein durch die ebenso unbewußte Liebe zum und Identifikationstendenz mit dem Vaterunternehmer. Die wirtschaftliche Selbständigkeit der Jugendlichen wird diese Identifikation stärken. Und sollten etwelche trotzdem einen Ausweg aus ihrer Situation suchen, sollten sie erkennen, was sie in ökonomischer Sklaverei hält, so werden sie wahrscheinlich, durch die Schule und durch die öffentliche Meinung, durch die klug vorbereitete Verwirrung der Begriffe Kultur und Bildung, die auch die Arbeiterparteien nur schwer durchschauen werden, das Leben der von ihnen getrennten bürgerlichen Jugend anstreben und Bildung suchen, und zwar natürlich jene, die, wie sie meinen, den Wert und die Macht der bürgerlichen Jugend und Gesellschaft ausmachen. Sie werden sie nicht finden . . .«

Unterrichtsminister Machiavell hat in dieser Weise noch lange und sehr ins Detail gehend gesprochen, als ihn die Verwunderung und Befremdung, ja die Wut der Hofräte belehrte, daß er wörtlich das Bestehende vorgeschlagen habe, nur in einer völlig staatsfeindlichen, zynischen, unwahren, unidealen Weise. Man zweifelt nicht, daß dieser sein erster Regierungsakt auch sein letzter war. Wir haben ihn aber so lange beim Wort gelassen, weil, so meine ich, gerade seine Rede für all das sehr lehrreich ist, was ich die Tendenz in der Erziehung nenne, obgleich er meistens nur von der Erziehung im engeren Sinne sprach. Und obgleich er den psychologischen Standpunkt entschieden zu sehr in den Vordergrund rückte.

Die Tendenz schafft selten eine Erziehungseinrichtung, und kaum häufiger eine Erziehungsmaßnahme, aber sie färbt sie alle in einer bestimmten Weise; gibt ihnen die Ideologie und Rechtfertigung; und unterdrückt Erziehungseinrichtungen, -maßnahmen, Ideologien, die ihr zuwider sind. Sie ist in der Klassengesellschaft, in jeder auf Macht aufgebauten Gesellschaft, gänzlich unvermeidlich. Ich möchte eine eingehendere

Erörterung ihrer Beziehung zur organischen Rekapitulation, zur libidinösen Identifikation, zur Kulturpluserzielung, zur Funktion und den Konstanten der Erziehung, für das letzte Kapitel aufsparen; hier schon aber will erwogen sein, daß das Kulturplus als solches Bestandteile, Kenntnisse sowohl als Kräfte enthält, die gegen den Bestand der bestehenden Ordnung, gegen die bestehenden Machtverhältnisse, gegen die bestehende Wirtschaftsweise, gerichtet sind. Die Funktion der Erziehung wäre es, sie ebenso wie deren Feinde der heranwachsenden Generation zu vermitteln. Die Tendenz schränkt diese konservative Funktion ein, indem sie Werte setzt, die gegen die herrschende Macht gerichteten Elemente des Kulturplus entwertet, auf den Aussterbe-Etat setzt, um mit der von solchen Tendenzen beeinflußten heranwachsenden Generation eine Sicherung ihrer Position zu erlangen. Die Tendenz ist notwendigerweise an das Bestehen einer Instanz gebunden, die sie durchsetzt, und diese Instanz kann in niemandes anderen regulierenden Händen liegen als in der Gruppe, die letzten Endes die gesellschaftliche Macht besitzt, und das ist heute das Weltindustrie- und Finanzkapital.

Aber nicht einmal mit der Aufdeckung der Tendenz sind wir ans Ende der Komplikationen gelangt. Leider, ruft der Schriftsteller, der sich bemühen muß, auf wenigen Seiten, womöglich ohne langweilig zu werden, diesen komplizierten Aufbau mit Worten verständlich zu machen; Gott sei dank, antwortet der menschenfreundliche Leser, den diese theoretischen Bemühungen wenig interessieren, der vielmehr all dies nur soweit zur Kenntnis nimmt, als er hofft, vom Autor endlich zu erfahren, was nun zu tun sei, was zu tun möglich wäre; also leider oder Gott sei Dank, gewiß aber: die Erziehung in unserem Zeitalter ist nicht von *einer* Tendenz, sondern von deren zweien geleitet und gefärbt. Entsprechend den zwei Machtgruppen, deren unentschiedener, aber hartnäckiger Kampf das Leben auf diesem unglücklichen Planeten so unsicher, so unliebenswürdig, so fragwürdig und dunkel erscheinen läßt, daß es überhaupt erträglich erst dann wird, vielleicht, wenn man ihm als Sinn eben diesen gigantischen und dummen Kampf setzt. Wir leben bei weitem nicht mehr in einer stabilen Herrschaftszeit der bürgerlichen Klasse. Wahrscheinlich hat es derartig idyllischen Zustand nie, auch nicht für einen Augenblick gegeben. Immerhin, man kann es Romantikern und Sentimentalen gönnen, ihn anno 1500 oder 1800 anzunehmen. Er ist vorbei, unwiderruflich. Der Sozialismus ist ein Machtzentrum, dessen Tendenzen auch die Erziehung beeinflussen. Ich spreche vom Sozialismus und meine die Arbeiterbewegung, die im wesentlichen den heutigen Sozialismus ausmacht, aber indem ich dies feststelle, darf ich ruhig weiter von ihr als vom Sozialismus sprechen. Der Sozialismus hat die Macht der Kapitalklasse nicht gebrochen, er wirkt nicht an ihrer Stelle, aber er hat ihre Machtäußerungen eingeschränkt, er zwingt zu Umwegen, zu Schleichwegen, zu Kompromissen, zugleich freilich zu energischeren Sicherungen, zu entschiedeneren tendenziösen Einschreitungen und Unterdrückungen. Das eine oder das andere oder beides tritt ein, je nachdem die relative Macht des Sozialismus gestiegen oder gesunken ist, oder anzusteigen droht. Wir können hier nicht den wunderlichen Linien folgen, die die Trabanten eines Kräftesystems als ihren Lebensweg zu nehmen gezwungen sind, das nicht nur zwei Zentren hat, sondern verschieden starke, instabil in ihrer relativen Stärke, mobil in ihrer relativen Lage. Aber wir wollen uns den Eindruck sichern, daß die Ideologie, die Tendenz in der Erziehung zu einer überragenden Bedeutung gelangen muß, bei so verwirrten Konstellationen.

Der Sozialismus hätte bereits gesiegt, spätestens 1918, wenn er die beherrschte Klasse in ihrem ganzen Umfang erfaßte. Es ist Sache der Ökonomen, die Widerstände, die seiner Ausbreitung im legitimen Gebiet entgegenstehen, auf ihre wirtschaftlichen Ursachen zu prüfen. Wir haben es mit ihren psychischen Parallelen zu tun. Und drücken den auch ökonomisch ausdrückbaren Tatbestand aus, indem wir sagen: Es mangelt ihnen an Einsicht in ihre Ausbeutungssituation oder in die Möglichkeit einer anders strukturierten Gesellschaft; oder es mangelt ihnen an Mut; er ist ihnen durch die Wertungen der bürgerlichen Gesellschaft gebrochen, die sich auf die Unschätzbarkeit ihrer Kultur, die nun freilich durch den Sozialismus in Frage gestellt ist, auf die Unverletzlichkeit von Besitz, Person, Recht, die freilich durch die Revolution bedroht sind, beziehen; oder der Vollzug der Tat der Revolution, die Ermordung des Urvaters Wallstreet und die Besitzergreifung der Urmutter Boden und Kapital ist durch Schuldgefühl und Angst, die vor und hinter ihr stehen, gesichert. Soll die herrschende Gruppe ihre Macht festhalten, so muß sie die Ausbreitung der Einsicht und die Minderung der Angst verhindern. Viele Umstände helfen ihr bei diesem Mühen. Die Ideologie ist das konzentrierteste Mittel. Sie darf ihren Unterrichtsminister nicht sprechen lassen, wie es Bürger Machiavell täte, so lange nicht und dann nicht, wenn sie Hoffnung hat, durch die Einkleidung ihrer Maßnahmen zu täuschen über deren Absichten, zu verwirren über den realen Zustand. Mit jeder Handlung, die die Gegenmacht schwächen soll, verknüpft sie eine Geste, eine Rechtfertigung, die ihr Proselyten der Einsichts- und Mutlosigkeit im Lager der beherrschten Klasse machen soll. In kritischen Zeiten ermöglichen diese Proselyten überhaupt erst die Handlung; in ruhigen Zeiten verstärken sie deren Wirkung, den Kraftabbruch des Gegenmachtzentrums.

Der Sozialismus bedarf aus demselben Grund eben dieser Tendenz-Ideologie. Aber seine Ideologie bedarf keiner Verlogenheit, sie ist die einsichtige und mutige Formulierung seiner Ziele, Tendenzen und Mittel. Er will nichts anderes als die Zerstörung der herrschenden Macht, um sie selbst auszuüben. Er kann keine Proselyten unter irgendeiner anderen Fahne machen; für den Gefangenen ist die Befreiung, für den Unterdrückten die Abschüttelung des Bedrückers das selbstverständliche und keiner weiteren Rechtfertigung bedürftige Ziel. Die Gefangenen müssen nur zur Einsicht gelangen, daß ihre Kerkermauern nicht die natürliche, unvermeidliche Art sind, in der auf Erden Räume gebildet sind, sie müssen den Mut gewinnen, den gewohnten Aufenthaltsort zu verlassen. Der Sozialismus wird der Erziehung die Tendenz geben, diese Einsicht und diesen Mut der Jugend zu vermitteln, damit sie klassenbewußt und revolutionär zum gegebenen Zeitpunkt die Tat der Befreiung vollbringe. Er kämpft für Freiheit, Gleichheit, Brüderlichkeit – in der unsterblichen Formulierung der großen Revolution –, für Recht schlechthin, denn die Freiheit der Unterdrückten ist für die Unterdrückten *die* Freiheit, ihr Recht ist ihnen *das* Recht. Und mehr mit Recht, als die Freiheit der Herrschenden sich die Freiheit, ihr Recht sich das Recht heißen darf.

Soviel von der Tendenz genügt wohl, um uns die abschließenden Formulierungen dieses Kapitels vorzubereiten. Ich will noch einiges über sie im nächsten und letzten sagen, und behalte mir vor, in künftigen Büchern das Thema dort fortzuführen, wo es hier unklar und unscharf geblieben ist, bleiben mußte, da kein Raum in dieser kurzen Schrift ist, das Allgemeine und Angedeutete durch Konkretes zu belegen. Dieses aber wäre nötig, denn die Tendenz ist ja die Variable gegenüber den mächtigen Konstanten der Erziehung, die ich bisher im Vordergrunde der Betrachtung festhielt.

Die soziale Funktion der Erziehung ist die Konservierung der biopsychischen und der sozialökonomischen, mit ihr der kulturell-geistigen Struktur der Gesellschaft. Nichts als diese Konservierung, diese Fortpflanzung. Was darüber hinausweist, ist die Tendenz zur Verewigung der Machtverteilung von heute, und damit der psychisch-sozialen Gegebenheiten von heute. Sie ist demnach nicht allein Konservierung im Sinne der Reproduktion des Erreichten, sondern Konservierung im Sinne der Verhinderung eines Neuen. Hier gilt nur eine Einschränkung. Die Tendenz ist der Erziehung beigemengt, die Machtverteilung nicht allein im Status des Heute zu erhalten, sondern sie zugunsten der erziehenden Macht zu verschieben. Sie ist also auch ideell konservativ, vom Gesichtspunkt der herrschenden – und also auch erziehenden – Gruppe gesehen.

Sie erfüllt diese ihre Funktion. Daran ist kein Zweifel. Ob die Weltverbesserer und Ethiker, die Pädagogen und Religiösen noch so sehr sich grämen, oder ob sie ein ephemeres Symptom als dauernde Umkehr bejubeln – die Kinder, die so um 1924 reif geworden, sie wie jene, die es im Jahre 1920 wurden, und die Jahrgänge von 1500 und 1280, sie alle, ob sie erzogen wurden oder nicht, ob gut oder schlecht, von diesem mit der seinen oder von jenem mit eines anderen Methode, sie alle – scheint mir fast – sind Menschen, wie sie eben nun in dieser Zeit und an diesem Ort üblich sind. Die individuellen Unterschiede verschwinden nicht minder als die außertypischen des Alters, es ist die große bürgerliche Schafherde, die schlecht und recht die Masse Wolle gibt, die Kosten von Aufzucht, Pflege und Vermehrung mit Profit rückerstattend und eins genau so wie das andere aussehend, wie Schafe eben; zwar versichert der Schäferjunge, jedes habe sein eigenes Gesicht. Ich glaube es kaum; vielleicht täuscht ihn seine Liebe. Was kann da schon für ein großer Unterschied sein zwischen einem Schafsgesicht und einem anderen Schafsgesicht. Auf die Wolle kommt es an, ihr Freunde, und die ist, nehmt Ihr alles nur in allem, ganz gut gewachsen in diesem Segensjahr.

III Mittel, Wege, Möglichkeiten der Erziehung

Die Überschrift dieses Kapitels mag etwas recht Beruhigendes für die freundliche Leserin haben, die mich schon mehrmals durch Einwände und Zustimmung zu polemischen Einschränkungen genötigt hatte. Mittel der Erziehung, endlich eine Vokabel, die aus der Lehrerinnenbildungsanstaltszeit vertraut herüberklingt und allen bösen Fremdworten aus Freud und Ethnographie ein Ende setzt. Und gar Möglichkeiten der Erziehung! Das gibt Mut. Man kann doch ein Kapitel nicht so überschreiben und einfach Zero antworten. Das gibt so viel Mut, daß die freundliche Leserin sogar jetzt wagen würde, ihre Frage vom Ende Kap. I, S. 45 beantwortet zu verlangen, wenn sie sie nicht längst schon vergessen hätte, und wenn sie nicht, eine umgekehrte Ariadne, den Faden im Labyrinth dieses soziologischen Kapitels verloren hätte. Wüßte ich nicht für ganz sicher, daß sie, nur so aus Gewohnheit von ihrer häufigeren und, gern zugestanden, interessanteren Trambahnlektüre her, die Einleitung gar nicht, dafür aber die letzten Seiten vorweg gelesen hat, würde ich ihr vielleicht entgegenkommen und den Faden des vorigen Kapitels weiterspinnen. So aber springe ich, meinem eigenen unsichtbaren Faden folgend, weit zurück und stelle fest, daß die fehlende Antwort eigentlich schon gegeben ist. Die Pädagogik, in Bausch und Bogen, ist ein Werkzeug der Tendenz unserer heutigen Erziehung. Sie ist demnach ein Teil der Mittel, vermöge derer die Erziehung ihre soziale Funktion erfüllt. Sie ist keineswegs sinnlos und überflüssig. Vielmehr ein tragendes Stück der konservativen Funktion. Sie gibt den Tendenz-Maßnahmen die ideologische Rechtfertigung; sie gibt sie in so verlockender Form, daß sie Proselyten schafft, – ja sie verwischt jeden Unterschied zwischen der Sozialismus-Erziehung und der Kapitalismus-Erziehung. Denn jene könnte an der Ideologie zum großen Teil gar nichts anderes erfinden denn eben diese. Es vollzieht sich hier auf dem Gebiet der Erziehung, was den Machtkämpfen des Bürgertums durchaus und allgemein zukommt: es rechtfertigt sich mit den ideologischen Formulierungen des Sozialismus.

Es geht hier etwas tief Unheimliches vor sich. Wir haben es mehrmals gestreift; es wird Zeit, daß wir die teuflische Maschinerie, die es bewirkt, endlich betrachten. Wer rollt den Felsblock des Sisyphos, sooft er oben auf dem Gipfel angelangt ist, wieder zu Tal? Es ist die reine Tücke, Bosheit einer gewaltigen Macht, die es zunächst zu erkennen gilt, soll Sisyphos von seiner Qual befreit werden. Denn an sich hat der tüchtige Mann Sisyphos doch fleißige, nützliche Arbeit geleistet und hat sie vernünftig getan. Keine Ursache ist zu sehen, warum sie ewig mißlingt. Der griechische Tartaros scheint eine rein pädagogische Angelegenheit zu sein, eine sonderbare Versammlung von Pädagogen, von Repräsentanten erzieherischer Bemühungen. Da ist Tantalos z. B. der ärmste; nah umgeben von erfrischendem Wasser und köstlichsten Idealfrüchten, er braucht nur zuzugreifen und könnte Durst und Hunger einer Ewigkeit stillen, so scheint es, aber grausame Erfahrung, die ihm stündlich seit Jahrhunderten wird und ihn doch nie belehren kann: Wasser und Früchte weichen zurück vor seiner Bemühung, bis in unendlichen Fernen. O Symbolum idealistischer Pädagogik! So nah erscheint die Verwirklichung, ein Sprung nur über etliche Formalstufen, eine einzige geschickte Handbewegung – und ist doch so unendlich fern. Zwar auch hier muß ein Zaubertrick beleidigter Gottheit im Spiele sein. Aber wir fragen nicht danach, denn wie immer es zugehe, den Tantalos trifft die Strafe mit Recht, hat er doch einen heiteren, lieblichen Knaben geopfert, zerstückt, den Göttern zum Fraße angeboten; abscheuliche pädagogische Untat, so häufig geübt. Des Tantalos Kolleginnen, die Danaiden, so anmutig diese fünfzig jungen Damen auch sein mögen, ihr Schicksal ist uninteressant, sie leiden unter keinen geheimen Tücken, sondern unter eigener Dummheit. Wer könnte Sympathie haben für den Versuch, ein Faß ohne Boden mit Wasser zu füllen? Das Mittel ist von vornherein unzulänglich. Sie sollten es aufgeben, und nicht nach experimentell-didaktischen Untersuchungen die Größe und Form der Fingerhüte, gleichfalls ohne Boden, erproben, mit denen sie schöpfen. Aber Sisyphos, er verdient wahrhaftig unser Interesse, unser Bedauern, unsere Sympathie. Zwar, daß er die olympischen Spiele stiftete und also das Gymnasion, in weitester Folge das Gymnasium verschuldete, ist ein böser Fleck auf seinem Namen (zum Glück eine recht wenig gekannte Tatsache), doch seine Schuld: die maßlose Überheblichkeit, ist nicht unverzeihlich. Und wahrhaftig, sein Stein könnte doch einmal auf der Höhe liegen bleiben, und es wäre nicht das erstemal, daß lange bestrafte, verhöhnte Überhebung triumphierte und dann als Tat gepriesen würde, anstatt als Untat geächtet zu sein. Vielleicht will er gar nicht unser Bedauern, vielleicht freut's ihn, daß er immer von neuem beginnen kann, vielleicht ist sein Tun eine Art Sport, und er selbst gibt den Anstoß zum Bergab-Rollen. Wenn es so ist, wollen wir ihn den Göttern nicht verraten. Und fragen demnach nach der Maschinerie, derer das boshafte Geschick auf Geheiß beleidigter Götter sich bedient. Wie geht das zu, daß Pestalozzi der Vater der Volksschule wurde? Welche Circe hat diesen grundgütigen Feuerkopf in einen Schulmeister verwandelt? Wer hat Humboldts reines Kind gegen den Wechselbalg Gymnasium vertauscht? Wer hat Fichtes aufrechte Männer in teutsche Nationalesel verzaubert? Sokrates hat man unschädlich gemacht, indem man ihn tötete; nicht nobel, aber nicht verwunderlich. Die Sokrates der letzten Jahrhunderte läßt man leben, man lobt sie, man verwirklicht sie, indem man sokratische Methode heißt, was sie bekämpften. Ich sollte meinen, das wäre pädagogische Art mit Babys umzugehen, denen man Puppen gibt mit wirklichen Kindernamen, wenn sie wirkliche Kinder zu haben wünschen. Es ist die Art mit Pädagogen umzugehen. Sie lassen sichs gefallen. Sie wollen nichts anderes. Denn es tut weniger weh. Die Ziele und die Mittel der Erziehung sind das Spielzeug, das Lieblingsspielzeug der Pädagogen, warum sollen die Erwachsenen ihnen verwehren, nach Herzenslust daran sich zu vergnügen? Verhindert muß nur werden, daß sie Schaden anrichten.

Aber nicht dies ist die Frage, wie es der herrschenden Gruppe gelingt, schädliche Bestrebungen zu verhindern, sondern wie es gemacht wird und wie es möglich ist, daß zugleich die Bekämpften, die Besiegten sich selbst für die Sieger halten können. Wir fragen statt nach den Mitteln der Erziehung zunächst nach ihren Wegen; so viel ich sehe, darf ich für die Fragestellung eine Art Priorität ansprechen. Denn die pädagogische Literatur, die ich so im Laufe von 15 Jahren gelesen und geblättert habe – sie kümmert sich nicht um die Dynamik der erzieherischen Prozesse in der Gesellschaft, um den Weg des erzieherischen Fortschritts, der Mutationen auf dem Gebiet der Erziehung. Und doch ist dies offenbar die Vorfrage für jeden, der Änderungen der Erziehung wünscht, der sich gesellschaftliche Änderungen durch solche der Erziehung erhofft.

Das meiste von dem, was ich im Rahmen dieses Buches als Antwort zu sagen wüßte, ist eigentlich im voranstehenden verstreut bereits enthalten oder aus ihm leicht abzuleiten. Dies so gut wie nachschlagen ist unbequem genug, so sei es ohne jede weitere Entschuldigung wiederholt. Es sind offenbar zwei Kräftegruppen, die am Zustandekommen einer Erziehungseinrichtung und der Erziehung überhaupt zusammenwirken: die psychologischen und die sozialen. Wir sahen die Erziehung als Naturtatsache, in ihrer weiblichen und ihrer männlichen Form, aus der biopsychischen Urreaktion der Mutter und der Hordenmännchen auf die Tatsache der ontogenetischen Entwicklung entstehen. Wir sahen, wie das psychologische Novum Schuldgefühl, das zur völligen Umwandlung der Urgesellschaft und der Urwirtschaft führte, auch diese pädagogischen Urreaktionen, gleich allen sozialpsychischen Äußerungen umgestaltet, ohne daß in den primitiven Gesellschaften entscheidbar wäre, was von ihren Maßnahmen ursprünglich psychisch und was sekundär sozial beeinflußt wäre. Wir sehen Veränderungen eintreten in der Entwicklung selbst: die Kindheitszeit streckte sich und komplizierte sich durch die Einfügung der Latenzperiode zuerst, durch die Verlängerung der Pubertät zuletzt. Indessen geht die Wirtschaft mit ihrem Überbau: Gesellschaft, Politik und Kultur, ihren brutalen Eigenweg und die Menschheit findet sich als ihren Gefangenen in der Barbarei einer hochzivilisierten kapitalistischen Epoche, unsicher, wo die Ausgänge ins Freie, sicher aber, daß sie diesen langen Opfer- und Marterweg gänzlich ohne Gewinn und Sinn getrieben wurde. Was gesellschaftlich geschieht als Konsequenz der Wirtschaftsweise, der Machtverhältnisse und der Klassenkämpfe. So sehr und ganz, daß eine Kulturgeschichte möglich ist, die bis in die feinsten und intimsten Details das Kulturgeschehen verständlich macht aus den ökonomischen Faktoren und Wirkungen. Es ist, als wäre gar kein Raum für Wirkungen der psychischen Reaktion in der Gestaltung der Erziehung. Sie ist, so scheint es, restlos ökonomisch bestimmt. Ob der heute geborene Knabe 64 Prozent oder 9 Prozent Wahrscheinlichkeit hat, diese Erde, kaum gegrüßt, gemieden, als Säugling wieder zu verlassen, bestimmt seine Geburtssituation: ob er in »Wedding-Berlin, der Proletarierhölle« oder im Tiergartenviertel geboren wurde. Die gleiche Tatsache wird darüber entscheiden, ob er jene kindlichen Konflikte durchleben wird, die dem einzigen, vereinzelten, zweiten, dritten Kind, oder jene, die dem Mitglied einer acht- oder zwölfköpfigen Familie beschieden sind. Und wir wissen, daß die Wirkungen dieser Konflikte bis in die Feinheiten der Charakterbildung gestaltend bestimmen. Daß es zwischen Mutter und Vater, schwankend in seiner Liebe und seinem Haß, durch die erbangelegte Bahn seiner psychischen Entwicklung und deren Lenkung, Eindämmung, Öffnung durch die in seiner Umgebung gegebene Situation schuldig des Inzestwunsches und des Vatermordgedankens wird und, in der Angstkatastrophe dieser unschuldigen Schuld, die seelische Instanz des unbewußten Schuldgefühls erwirbt, Mensch wird durch das Über-Ich, ist Folge der ökonomischen Tatsache, daß in Familien gewirtschaftet, daß in ihnen gezeugt wird, daß das Kind ihr Besitz ist, daß es in ihnen aufwächst. Und wie dies Aufwachsen geschieht, mit wieviel Spiel, mit wieviel Arbeit, mit welcher Versagung und mit welcher Befriedigung, vor welchen Vorbildern und mit welchen Inhalten, was von all dem wäre nicht der Wirtschaft und ihrer Folgen unmittelbare Folge? Und daß eines Tages die Schule beginnt, und was sie an Inhalt, an Menschen, an Moral bringt – ist doch nicht weniger Folge einer bestimmten industriellen Situation mit ihren bestimmten materialen Forderungen, einer bestimmten Situation im Machtkampf zwischen Sozialismus und Kapitalbürgertum, mit ihren bestimmten Tendenzen; ganz ebenso wie die große Entscheidung im Leben des Kindes, ob es noch weitere sieben Jahre Schule als Mittelstufe vor endlichen noch mal vier bis sechs zu erwarten hat, oder die Fabrik. Und ob das Kind dies Buch oder jenes lesen darf, hängt noch nicht davon ab, ob es gut ist oder schlecht, sondern ob es 10 Pfennig hat für Bücher oder 150 Mark. Und ob dies als Kinderbuch kaufbar ist oder jenes, es wird nicht von seiner Güte als solcher bestimmt, sondern davon, ob einer da ist, der Druckkosten zahlt. Und wer kann solche Summen zahlen, wer will es, der es könnte, wenn er nicht hofft, sie rückerstattet zu bekommen mitsamt Zins und Profit. Und so weiter.

Ja, es ist kein Ende dieser pompösen Banalitäten: Die Erziehung braucht Geld; und das Geld hat das Bürgertum. Es denkt nicht daran, es unrentabel zu investieren; am wenigsten wird es sich geneigt finden, in dieser oder jener Weise den Sozialismus zu stärken. Das Kapital und sein Bürgertum hat kein Interesse an der Steigerung der Kultur. Was es so nennt, sind ausschließlich die Befriedigungen seiner eigenen kulturellen Bedürfnisse, im besten Fall, und die Sicherung seiner materiellen Bedürfnisbefriedigung durch ideologisches Getriebe. Gewiß der Eine und der Andere, Einzelne, mag sich bereit finden, Geld und Geldeswert für Kultur, sogar im wahren Sinn des Wortes, also unrentabel zu verwenden. Aber diesem Tun ist eine enge Grenze gesetzt, nicht allein durch

die verhältnismäßig enge Grenze auch der größten Vermögen, sondern dadurch, daß dieser Spender ein Opfer der Kapitalgesetze wird; er verliert an die anderen, vernünftigeren, kapitalistischeren Mitbürger schneller und mehr, als er der Kultur zur Verfügung stellt. Dies jenem – vielleicht noch vorhandenen – Erziehungsprojektanten ins Stammbuch, der auf den edlen reichen Mann warten wollte und vergäße, daß wir nicht 1800, sondern 1924 leben. Freilich, es wäre eine feine Geschichte, dem Kapital sein Kapital abzulisten, mit ihm die Proletarierkinder sozialistisch zu erziehen und dann mit dieser Jugend die sozialistische Gesellschaft zu bauen. Vortreffliche Münchhauseniade; doch ist diese Sumpferrettung nur für Zopfritter erwägbar. Wir Modernen meinen, es wäre fast einfacher, statt abzulisten zu enteignen, und dann braucht es nicht der Geduld, eine heranwachsende Generation lang den Nutzen aufzuschieben.
Meine allgemeinste Formel der Erziehung: Reaktion der Gesellschaft auf die Entwicklungstatsache, begreift all diese Sachverhalte völlig in sich. Die ökonomisch soziale Struktur der Gesellschaft hat ihren eindeutig bestimmten Rahmen für diese Reaktion in sich. Die Organisation der Erziehung ist aufs genaueste bestimmt. An ihr ist auf keinem anderen Weg auch nur das mindeste zu ändern als ausschließlich durch eine voraufgegangene Änderung dieser Struktur. Diese mag unscheinbar und jene auffallend sein, aber geschehen muß sie sein. Die Erziehung ist konservativ. Ihre Organisation ist es insbesondere. Niemals ist sie die Vorbereitung für eine Strukturänderung der Gesellschaft gewesen. Immer – ganz ausnahmslos – war sie erst die Folge der vollzogenen.
Das hieße: es gibt keinen Fortschritt der Erziehung? Nein, es gibt keinen. Nicht so wie es die bange Stimme, die hier fragte, meint. Und was ist z. B. mit dem Aufhören des Analphabetismus? Mit der Tatsache, daß 98 Prozent der Menschen – in kultivierten, in fortgeschrittenen Ländern eben – lesen und schreiben können, was sie nur der Schulpflicht verdanken, das soll kein Fortschritt sein? Ich kann

tatsächlich nicht finden, daß die allgemeinste Kenntnis des Lesens und Schreibens verdiente, als Fortschritt gewertet zu werden. Die Schrift ist ein Verkehrsmittel, das wie die Eisenbahn oder das Radio den Verkehr zwischen räumlich getrennten Menschen vermittelt; sie hat Vorzüge vor diesen, weil sie unser Vehikel für den Verkehr mit den Toten und noch Ungeborenen ist. Wird die Schrift von allen Menschen gekannt, so entspricht das etwa der Tatsache, daß nahezu alle Menschen die Eisenbahn zu benützen verstehen, bald das gleiche für das Flugzeug gelten wird. Aber daß einer mit der Eisenbahn fahren kann, ist eine kulturneutrale Angelegenheit. Es fragt sich doch erst, ob er den Zug nach Rom nimmt, um der Polizei in Wien zu entgehen, ob er dort jobbern will, ob er vorschriftsgemäß die Sixtina bewundern, ob er die Weinpreise kennen lernen oder was er sonst für Gebrauch von der schönen Erfindung der Eisenbahnreise nach Rom machen will und kann. Ich kann mich nicht davon überzeugen, daß von der Schrift und der Druckschrift allgemein oder nur allgemeiner ein würdiger Gebrauch gemacht würde, seit sie durch die Schulpflicht, eigentlich durch die Erfindung der Rotationsdruckpresse, allgemein bekannt wurde. Man darf auch nicht etwa einwenden wollen, Eisenbahnfahren müsse man nicht lernen, das könne man »von selbst«, hingegen würde eben durch das Lesenlernen schlechthin jede Kulturmöglichkeit erst erschlossen. Denn auch das Lesenlernen ist beinahe überflüssig. Ein halbwegs vollsinniges Kind bedarf dazu keines siebenjährigen Schulzwanges, ja, keines einjährigen Schulbesuches. Früher einmal, da scheint es ja eine rechte Kunst gewesen zu sein, aber heute, gewettet, ist außerhalb der Schuldidaktik die ganze Zauberei in ein paar Wochen erledigt, und mit ihr dauert's ein paar Monate länger. Aber das Ganze ist keine Kulturfrage. Bei den alten Juden z. B., da war's eine Kulturangelegenheit; denn für sie war Lesen der Verkehr mit ihrem Gott, ihrer höchsten Sittlichkeits- und Kulturinstanz; sie lernten Lesen an der Bibel als ihrer Fibel und hatten – wenn sie nur Männer waren – eine einzige Verwendung für ihre Fertigkeit: den Talmud, der immerhin ihr ganzes Kulturgut umfaßte, es mag uns wenig oder viel erscheinen. Andere Bücher gab es nicht daneben. Aber bei uns ist Lesen eine Verkehrsangelegenheit, vielleicht im Prinzip durch Radio mit Diktaphon bereits überwunden, veraltet, auf Spezialzwecke eingeschränkt. Man kann, so scheint mir, recht verschiedener Meinung über die Wertung des Lesens als Fortschritt sein. Ich finde Analphabeten nicht schlimm, wenn sie nur im übrigen »gebildet« sind. Aber eigentlich steht dies nicht zur Diskussion. Vielmehr ist es richtig, daß die Schulpflicht in allen Ländern besteht und in allen als ihr Resultat die allgemeine Verbreitung gewisser elementarer Kenntnisse – ausschließlich Verkehrsmittel, Produktionshilfen oder Tendenzinhalte – vorhanden ist, die zwar nicht an sich vorgeschritten sind, in denen aber die kapitalistische Entwicklung und der Klassenkampf vorgeschritten sind. Beide Machtgruppen, jede von einer anderen Tendenz her, aus anderen historischen Gegebenheiten, haben die Schulpflicht durchgesetzt und erhalten, nachdem bestimmte gesellschaftliche Fortschritte der Entwicklung eingetreten waren, z. B. die Revolution von 1848, mit einem Wort, die Demokratie. Der Sozialismus hat allen Grund, sich dieses Erwerbs zu erfreuen; denn er weiß seinen Gebrauch von Schrift und Druck zu machen. Aber die Dinge stehen nicht so, daß der Fortschritt auf dem Gebiet des Schulwesens den Sozialismus ermöglicht oder vorbereitet hat, sondern auf einem gewissen Punkt von Machtentfaltung angelangt, also nach einer Veränderung der Struktur der Gesellschaft, wurde eine Änderung der Erziehungsorganisation vorgenommen, natürlich eine solche, die die weitere Entwicklung der Macht des Sozialismus zu sichern und zu fördern geeignet war. Hier wird die konservative Funktion der Erziehung überaus deutlich. Sie erhält den gewonnenen Strukturzustand, die neue Machtverteilung, und vermehrt sie dadurch zuweilen. Es ist eine Potenzierung sozusagen der Konservation. In diesem Fall etwa vom Standpunkt des Sozialismus als Fortschritt zu werten (nichtsdestoweniger als Konservierung zu beschreiben). Wohl, es gibt Fortschritte des Sozialismus, das leugne nicht *ich*, sie haben konforme Veränderungen der Erziehung zur Folge, die der Sozialismus als Fortschritte werten darf. Die Erziehung aber ist immer rückständig. Ihr Fortschritt besteht darin, daß ihre Rückständigkeit ein wenig überwunden wird.

Hiermit wären wir unvermutet an eine wirkliche, unübersteigliche Grenze der Erziehung gelangt. Jede Erziehung ist in Bezug auf die erziehende Gesellschaft konservativ organisiert; in Bezug auf die Machttendenzen der erziehenden Gruppe intensivierend (ausbreitend, vermehrend). Die Variable der Erziehung, wie ich oben sagte, erweist sich als bloß relativ. Gewiß sind es gerade die Organisationsformen der Erziehung, die im Laufe der Geschichte die bemerklichste und sicherste Veränderung durchgemacht haben. Sie wandeln sich sehr schnell; man bedenke nur, wie in kaum fünfzig Jahren die öffentliche Jugendpflege mit ihren ausgebreiteten markanten Institutionen wuchs, wie das Jugendrecht in wenigen Jahrzehnten, die Testprüfungen in wenigen Jahren entstanden und sich entwickelten, man vergleiche die persische Erziehung, wie sie Xenophon berichtet, mit dem Klosterschul-, Universitäts-, Lehrlingswesen des vierzehnten Jahrhunderts von Paris bis Salamanka und Padua, mit dem Jugendleben im Frankreich der großen Revolution, und man wird – wenn auch nicht durchaus Fortschritte, so doch gewiß umwälzende Veränderungen finden. Sie sind aber nicht die Verwirklichung irgendwelcher Ideen, Ziele, Projekte, Pädagogiken irgendwelcher berühmter oder großer Pädagogen und Pädagogiker, und sie sind nicht die Ursachen der übrigen kulturellen, sozialen, geistigen und vielleicht auch psychischen Wandlungen, die in den abgelaufenen Jahrhunderten stattfanden, sondern deren unmittelbare Folgen, anonym und ohne Zielstrebigkeit, wie nur die unmittelbaren Folgen eines Ereignisses eintreten. Die feudalmilitaristische Gesellschaftsstruktur hat ihre Erziehungsorganisation, ob sie nun bei Mexikanern, Ägyptern, Japanern, Persern oder Germanen wirksam sei, der moderne

Kapitalismus hat die seine, in welchem Land immer er wirke, für jede seiner Entwicklungsetappen, für unsere heutige, unsere hiesige. Sie gefällt dir nicht? Mir auch nicht, Freund. Du willst sie ändern; etwas, ein geringes Detail an ihr ändern? Ändere die Gesellschaftsstruktur, das korrelate Detail an ihr. Willst du Fichtes Erziehungsorganisation einführen, schaffe seinen geschlossenen Handelsstaat, oder beliebt dir ein Stück von Platons pädagogischer Utopie, verwirkliche ein Stück, das richtige, versteht sich, seines Staates. Es geht nicht anders. Jeder andere Versuch ist unzulängliche Schwärmerei.

Die Einsicht in diese, die soziale, Grenze der Erziehung verurteilt jegliche Bemühung, vor vollzogener Änderung der gesellschaftlichen Struktur etwas an ihrer Erziehungsorganisation zu verändern, etwas irgend Beträchtliches. Sie lenkt die Kraft, die solchen Bemühungen gewidmet wird, auf das Zentrum, die gesellschaftliche Evolution oder Revolution, je nach der Bescheidenheit solcher Änderungslust. Ich werde mich zu einer namhaften Einschränkung in einem bald folgenden Zusammenhang entschließen. Diese entschuldigt aber nicht eine verbreitete Reformtheorie: Ein Iverdün, ein Wickersdorf wird tausende schaffen, die Musterinstitution, der bürgerlichen Kindheit und Jugend errichtet, wird proletarische Nachbilder erzeugen. So wird, langsam vielleicht, aber eins zum anderen gefügt, das ganze Erziehungswesen die neue dort verwirklichte Form erhalten. Diese Additionstheorie ist in sich falsch. An einem Ort, unter der Gunst besonderer Umstände und Mittel, ist alles möglich, für eine gewisse Zeit lang. Eine Schule, eine Lehrwerkstätte, eine kommunistische Kindergruppe ist ebensogut möglich wie ein närrischer Lehrer, ein sadistischer Richter, oder ein vernünftiger Lehrer, ein milder Richter. Zu ihrem Bestand und Auftreten bedarf es keiner Strukturänderung. Aber ihre Vervielfältigung, des eben ist das prinzipiell Neue, das von nirgendsher anders ermöglicht wird als von der vollzogenen gesellschaftlichen Änderung.

Diese Auffassung ist weit entfernt davon, neuartig zu sein. Sie ergibt sich stringent aus Marxens Lehre, die Folgerungen sind in der sozialistischen Literatur gezogen worden. Man trifft sie aber leider nicht in dem pädagogischen Schrifttum, nicht einmal in der – übrigens sehr ärmlichen – sozialistischen pädagogischen Literatur genügend eindringlich und ausgreifend überlegt. Wenig verwunderlich, sind doch die Konsequenzen dieser Grenzsetzung eine sehr empfindliche, eine sehr weitgehende Einschränkung der Allmacht der Erziehung und damit der Macht jedes einzelnen Erziehers und der Bedeutung des Pädagogikers und seiner Bemühungen, seiner Schriften. Was ein braver Bürger Idealist ist, neidet niemandem die persönliche Macht, welche Geld verleiht, und hat es gelernt, die Ausübung politischer Macht den Volksbeauftragten aller Kategorien, verachtend das politische Lied, das häßliche, zu gönnen, aber die geistige Macht, die er seinen Ideen, Worten und Schriften zumißt, will er nicht eingeschränkt wissen. Und es soll nicht geleugnet werden, daß die Idee und ihre Propaganda in Wort und Schrift zu einem sehr entscheidenden Machtfaktor werden kann und oft im Verlauf der Klassenkämpfe zum letzten entscheidenden Siegesfaktor – hüben und drüben – geworden ist. Nur kommt der Idee diese Macht – ohnehin weit entfernt, Allmacht zu sein – nicht als solcher zu, sie so wenig wie ihr Wort ist ein Zauber, der Regen, Gesundheit, Tod, Revolution, sittliche Vollkommenheit schafft. Sie erhält sie durch ihre Träger, durch die Männer, die von ihr begeistert, erweckt, ermutigt, gewiesen sind. Es hat wohl einen Sinn, die Ausgebeuteten aller Länder unter den Ideen des kommunistischen Manifests zu einen, denn dies geeinte Proletariat kann sehr reale Veränderungen der Machtverteilung auf Erden durch sehr prosaische und ungeistige Mittel herbeiführen. Aber was soll die Propaganda für Sittlichkeit bei Kindern? Da ist ein kapitaler Unterschied, der die Pädagogen trifft. Zu furchtsam und fein, den Motor gesellschaftlicher Umwandlung zu erkennen und sich zur Bedienung an dies lärmende und gefährliche Ungeheuer zu stellen, haben sie es mit der Kultur. Und hier noch einmal zu furchtsam, wenden sie sich an die Kinder, die weder ihnen noch ihren Allmachtgelüsten gefährlich sind, denn dies »Jäten und Säen in Kinderseelen« ist eine idyllische Art Agrarbetätigung. Gott setzt das Werk auf seine Weise fort und läßt es regnen und hageln, und bis es ans Ernten kommt, ist der geruhige Säer unter den Toten oder Blinden, und seine Hoffnungen sind ewig, denn er sah die Blüte nicht im Drang der neuen Jät- und Säegeschäfte; sein Stolz bleibt ewig ungebrochen, da er ihn vorschußweise von seinen Hoffnungen pflückt. Nämlich all dies unter der Voraussetzung, daß jene bösen Sätze nicht stimmen. Und *darum* erscheinen sie den Betroffenen falsch.

Da ist zum Beispiel ein prächtiger Satz des Pestalutz: »Es ist für den sittlich, geistig und bürgerlich gesunkenen Weltteil keine Rettung möglich als durch die Erziehung, als durch die Bildung zur Menschlichkeit, als durch die Menschenbildung. So ist für die Erhebung des Weltteils und auch für deine Wiederherstellung, teures, gesunkenes Vaterland, kein Rettungsmittel wahrhaft wirksam, das nicht von einer psychologisch tief erforschten Ausbildung der sittlichen, geistigen und Kunstanlagen unseres Geschlechts ausgeht und hinwieder zu ihr hinführt.«

Dutzende von solchen, besseren noch, sind der Ruhm des Werks der großen Pädagogen. Aber was anderes als feige Selbstberuhigung sind sie angesichts der sozialen Grenzen der Erziehung. Kein Mittel, ganz wörtlich und völlig ausschließlich kein Mittel gibt es, kein vorgeschlagenes, kein erdenkbares, Volkskultur zu schaffen, solange die Jugend des Proletariats, des Volkes eben, mit zwölf, mit vierzehn Jahren der Straße, der Fabrik, der Zwangsarbeit ausgeliefert wird. Sinnlos, irgend etwas anderes in diesem Zusammenhang zu fordern: als Freiheit jedes Menschen von Zwangsarbeit bis zu seinem achtzehnten Jahre. Andere Forderungen, jede andere, noch so edlen Motiven entsprungen, noch so unvergänglich formuliert, stützt die Tendenz der kapitalistischen Machthaber in der Erziehung. Konserviert den heutigen Kulturzustand, verhindert also jede Ausbreitung der Kulturgüter auf das »Volk«. Und diese wirkliche Forderung, ist sie Sache der

Erziehung oder nicht vielmehr des Sozialismus, Utopie, solange er nicht die Macht gewonnen hat, sie zu verwirklichen?

Dieser Punkt ist wichtig genug, daß wir noch einen Augenblick auf ihm verweilen, er ist ein prächtiger Aussichtspunkt. Die Verbreitung der Kultur ist eine höchst persönliche Angelegenheit, sie ist Angelegenheit der Persönlichkeit. Wir verstehen darunter, daß Geist, Fühlen, Wollen, Leben des einzelnen Menschen durchdrungen sei von den höchsten Werten und Gütern der Kultur der Nation, der Übernation Menschheit. Wie jede einzelne seelische Fähigkeit, jeder Strukturgrad des Ich seinen gegebenen Entwicklungsmoment hat, so auch die Differenzierungsgrade, Kultivierungsniveaus der Persönlichkeit. Deren Entwicklungsmoment ist die Pubertät. In ihr erwachen, aus Gründen, die in der psychischen Situation dieses komplizierten Alters liegen, zum erstenmal jene Gefühle und Gedanken, um die sich als Kern der kulturelle Gehalt und Wert der Persönlichkeit gruppieren wird. Soll diese den höchsten erreichbaren Standard des, immer noch durchschnittlichen, Menschen erreichen, so muß die Pubertät in einer ganz bestimmten Weise kompliziert sein; sie muß vor allem über die kurze Spanne der physiologischen Pubertät hinaus gestreckt verlaufen, sie muß bis ins 18., ja 20. Lebensjahr anhalten. Ein Resultat, das, im normalen Fall, nur eintritt, wenn die seelische Entwicklung der Jugendlichen nicht gehemmt, nicht verarmt, nicht zwangsläufig frühgereift wird, durch dessen frühe wirtschaftliche Selbständigkeit und den Zwang zur Verdienst-, Zwangsarbeit im industriellen Betrieb.

Diese Freiheit ist demnach die unerläßliche Voraussetzung dafür, daß die Zahl der kulturgemäß entwickelten Persönlichkeiten jene Größe erreiche, die menschlichem Höchstmaß entspricht, die Durchbildung der Völker ihren zur gegebenen Zeit innerlich erreichbaren äußersten Umfang erhalte; das Mögliche für die Verbreitung der Kultur getan werde. Sie ist sicherlich nicht die zureichende Bedingung, dieses Resultat zu garantieren. Die so frei gewordene Jugend muß ihr Leben in gewisser Weise organisieren, mit bestimmten Inhalten erfüllen, von geeigneten Menschen geführt sein. Aber die Voraussetzung ist sie nun eben; nicht mehr, nicht weniger, alles demnach für uns heute. Man tut gut, die soziale Grenze übertrieben scharf zu zeichnen. Man ist vor jeder Gefahr gesichert, sie zu überschätzen. Sie bestimmt die Wege der Erziehung. Der von ihr gesetzte Rahmen für jede Erziehung: die Organisation der Erziehung diktiert das Erziehungsresultat, alles was in diesem Rahmen sich abspielt, spielt sich bloß ab, ist verhältnismäßig unwesentlich, ändert im besten Fall nichts, hilft vielmehr im gewöhnlichen Fall – dem schlechtesten – geradezu zum Endresultat. Und dieses ist – wie es immer war – der Erwachsene dieser Gesellschaft, ihre Herrscher, ihre Bürger, ihre Proleten.

Die Pädagogen, die, ausgehend vom Mißfallen an diesem endlichen Gesamtresultat der Erziehung, weder die Erziehung als ihr Denk- oder Arbeitsbereich verlassen wollen – es hält sie ihr Temperament, ihre Liebe zu Kindheit und Jugend, ihre Bildung, ihre Berufslage oder irgend ein Einfluß aus unkontrollierbaren, tieferen Schichten ihrer Seele – noch das schmeichlerische Gefühl missen wollen, im Zentrum der Weltentwicklung mitdenkend, mitarbeitend zu stehen – den Gedanken ertragen sie nicht, an der Peripherie des Geschehens bescheiden ihr Teil zu tun –, deren Intellekt sie aber zwingt, die soziale Grenze der Erziehung dem Verstand nach einzusehen und anzuerkennen, diese Pädagogen, ob sie nun Kinder erziehen oder Lehrer oder über diese nützlichen Beschäftigungen bloß schreiben, finden eine vortreffliche Deckung auf ihrer Rückzugslinie in der unbestreitbaren Tatsache, daß trotz aller unheimlich leisen und sicheren Wirkungen der Erziehungseinrichtungen doch aller Erziehungsprozeß sich im Einzelindividuum vollzieht, und daß diese Individuen, in dem gleichen Wirkungsrahmen erwachsend, beträchtlich verschieden und auch verschieden wert und kultiviert sind.

In diesem letzten Kapitel, das programmgemäß positiv und

versöhnlich, sozusagen schwarz mit rosa Punkten, gedacht wurde, muß ich gute und brave Erzieherseelen kränken und desillusionieren. Ich tue es ungern, so sehr, daß ich's völlig unterließe, wüßte ich nicht, sie werden es verwinden, indem sie mich als Defaitisten der Kultur nicht ernst nehmen, sich nicht kränken werden. Die Theorie dieser nun leider zu Kränkenden lautet: Es kommt auf die sittliche Gestaltung der Einzelpersönlichkeit an, daher bilde ich den Einzelnen; tuen alle Erzieher desgleichen, so wird schließlich die Gesamtheit aus hochstehenden, sittlichen Persönlichkeiten bestehen, und das ist das wünschenswerte Endziel der Gesellschaft. Ich kann mich für diese halb resignierende Einstellung nicht begeistern. Und meine, daß gegen sie das gleiche einzuwenden ist, was für die Additionstheorie der Instituetik galt. Es will mir wenig plausibel erscheinen, daß der Wille der Erzieher die Schranken durchbrechen wird, welche die sozialen Grenzen darstellen. Es gibt heute wie jemals eine Anzahl einzelner Menschen, die uns in ihrer psychischen Struktur, in ihrer Haltung zu Welt und Menschen, in der Aufstellung und Erfüllung ihrer Pflichten, in der umfassenden Weite und der durchdringenden Tiefe ihres Verstandes als wünschenswerter Durchschnitt der Tierart Mensch erscheinen. Wir stehen ihnen nicht bewundernd wie wunderlichen und unerreichbaren Gipfelleistungen gegenüber, sondern es geht uns mit ihnen wie manchmal mit einem Problem, dessen Lösung wir auf verschlungenen Wegen mit bizarren Konstruktionen suchten und dessen Lösung uns dann in so einfacher und selbstverständlicher Gestalt geboten wird, daß wir verwundert fragen, wie jemals ein anderer Gedanke nur die entfernteste Neigung finden konnte: wir haben das Gefühl, so sind Menschen, und staunen, daß es wirklich welche gibt, die diese Norm nicht verwirklichen. Ich habe den Eindruck, daß solche rechte, brauchbare, wohlgefügte, sich und den anderen angenehme Menschen nicht einmal so selten sind, als wir in griesgrämiger Laune, über uns selbst geärgert, meinen. Beweisen diese nicht durch ihre Existenz, daß solches Resultat in unseren sozialen

Grenzen möglich ist? Gewiß. Aber wir kennen die Bildungsgesetze nicht, unter denen sie wachsen. Sie haben dasselbe äußere Leben gelebt wie andere, sie haben dieselbe Familie, dieselbe Schule, dieselben öffentlichen und geheimen Wirkungen erfahren wie jene anderen, die mehr oder weniger abweichend von dieser Norm sich gestaltet haben. Sie haben dieselbe psychische Struktur wie die anderen, soweit unsere sehr primitiven psychoanalytischen Forschungsmethoden, die nur recht grobe Strukturunterschiede erkennen lassen, Auskunft geben. Sie sind ein Resultat, wir wissen nicht welcher speziellen Einflüsse; wir wissen nicht einmal welcher Kategorien von Einflüssen. Sie sind eine statistische Tatsache unserer Erziehung. So erstaunlich oder selbstverständlich, wie daß jahraus, jahrein so ungefähr dieselbe Relativzahl der Selbstmörder, der Einbruchsdiebe, der Irrsinnigen, der Ermordeten gezählt wird. Gelegentlich freilich erfährt diese Ziffer eine beträchtliche Veränderung, zuweilen kann dann eine Änderung der sozialen Struktur als ihre Ursache gefunden werden, meistens ist sie so rätselhaft, wie die übliche Ziffer auch war. Der Bestand dieser erfreulichen Menschensorte ist die angenehme Seite der Sozialstatistik. Diese befaßt sich sonst meistens mit den weniger sympathischen Produkten, sie sind auch leichter festzustellen, zu rubrizieren und auszuzählen. Aber sie bietet wenig Hoffnung für den edlen, jungen Leser, der sein Teil hinzu tun will, die Statistik auf den Kopf zu stellen. Denn zugegeben auch, eine der freilich unbekannten Bedingungen sei, das Kind müsse solch edlen Erzieher gefunden haben – dann, junger Freund, sind Sie selbst ein Statistikum. Sie haben sich vorgestern entschlossen, Ihr resignierendes Weltverbesserungsgemüt in den Dienst der Kinderverbesserung zu stellen, damit ein edles Herz mehr am Werk, ein paar angenehme Menschen mehr in der Zukunft seien – in dem Augenblick, als im fernen Dorfe Y. solch ein braver junger Mann wie Sie durch die Ernennung zum Professor der Menschenbildung verloren gegangen ist. Und die Statistik stimmt wieder für eine Weile.

Das heißt, eine Möglichkeit gäbe es doch, der Statistik ein Schnippchen zu schlagen. Vielleicht. Der Normmensch, von dem wir sprechen, ist eigentlich der normale. Wir haben ja von ihm den Eindruck, daß seine Struktur von jedem Kind erreicht werden könnte, das daran nicht verhindert wird. Rätselhafterweise gibt es Verhinderungen, die wir nicht durchschauen. Aber es gibt Verhinderungen, die wir sehen, erkennen können. Denn es gibt Kinder, die in abnormalen, unmenschlichen Situationen aufwachsen. Da sollen z. B. etliche sein, die sich in den ersten zehn Jahren ihres Lebens nicht ein einziges Mal satt gegessen haben. Das ist ganz abnormal für menschliche Struktur. All diese Kinder zu füttern, hieße gewiß die Chance für das Normerfüllungsphänomen vergrößern, vielleicht änderte es auch ein wenig an der Statistik. Oder, um nicht immer von den groben Trieben zu sprechen, sei Pestalutzens Erstaunen wiedergegeben, mit dem er die Erfahrungen seines ersten Erziehungsexperimentes feststellt: »Es ist eine Erfahrungssache, daß Kinder vom niedergeschlagendsten Mute, die, in ihrem Müßiggang und Bettel entkräftet und bloß, ohne Gesundheit waren, bei ihnen nicht gewöhnter, beständig anhaltender Arbeit dennoch sehr bald zu einer frohen Heiterkeit ihres Gemüts und zu einem einmaligen frappierenden gesunden Wuchs gelangt, durch bloße Veränderung ihrer Lage und Entfernung von den Ursachen und Reizen ihrer Leidenschaften. Es ist Erfahrungssache für mich, daß vom tiefen unentwickelten Elend sie sich sehr bald zur Empfindung der Menschheit, zum Zutrauen und zur Freundschaft emporheben, – Erfahrung, daß Menschlichkeit gegen des niedersten Menschen Seele erhebend ist, daß aus den Augen des elenden verlassenen Kindes gefühlvolles Erstaunen hervorstrahlt, wenn nach harten Jahren eine sanfte menschliche Hand es zu lieben sich darbietet. – Erfahrung ist es nur, daß ein solches im tiefen Elend empfundenen Gefühl von den wichtigsten Folgen zur Sittlichkeit und Ausbildung der Kinder sein kann«.

Zu den Grundbedingungen des menschlichen Aufwachsens gehört ein gewisses Maß von Liebesökonomie. Das Kind bedarf eines gewissen Quantums Befriedigung seiner Liebestriebe, es muß sich geliebt fühlen und muß lieben dürfen. Wir wissen, daß es auch der Versagung bedarf, fehlte sie, ist das Resultat nicht selten die zügelloseste Kriminalität (Destruktion). Wir wissen, daß Liebe des optimalen Grades nicht ausreicht, das erwünschte Ergebnis zu garantieren. Aber wir wissen, über jeden Zweifel frei, daß die Liebe die unerläßliche Voraussetzung für jede Annäherung an die Norm ist. In das liebeleere Leben jener unglücklichen Neuhöfer Kinder tritt dieses Liebezentrum Pestalozzi, und sie blühen auf, ungeahnt, rührend dem XVIII., erschütternd und mahnend dem XX. Jahrhundert. Edler, junger Mann, Sie haben recht, gehen Sie dorthin, wo Kinder sind, die an Liebe darben, geben Sie ihnen, nehmen Sie die richtige (glauben Sie mir, die versagende) Liebe und wirklich, Sie vermehren die Chancen für die Entwicklung einer Menschheit. Aber vergessen Sie nicht, falls es Sie drängt zu theoretisieren, daß Sie notwendigerweise ein Einzelner sind, daß man Ihnen gewißlich das Handwerk legen wird, sowie Sie sich vervielfachen sollten, falls nicht vorher der kämpfende Sozialismus zu Ihrer Deckung und Sicherung eine neue Machtposition erkämpft haben sollte. Und dann seien Sie so lieb und blähen Sie sich nicht als Retter, Sie armer Statist, es steht Ihnen schlecht, und den Kindern, die Sie lieben, könnte es beifallen, Ihnen gleichzutun, und dann haben Sie Ihren eigenen Zweck zerstört.

Also es gibt keine seelischen Kräfte, alles ist wirtschaftlich bestimmt? Nicht doch, es gibt seelische Kräfte; und alles ist von ihnen bestimmt, auch die Wirtschaft. Wir können die Dinge auch so betrachten, und es hat sogar viel wissenschaftlichen Sinn, so zu tun. Nur nützt das nichts für die Erweiterung der engen Grenzen, die erzieherischem Tun gesetzt sind. Denn man kann zwar in der wissenschaftlichen Betrachtung, ausgehend von der Hypothese etwa einer Art psycho-sozialen Parallelismus, die eine Faktorenreihe zugunsten der anderen vernachlässigen, von ihr abstrahieren, aber die Erziehung, die es mit der Realität zu tun hat, wird sich ständig von dem unerkannten Zusammenhang der beiden Reihen gestört sehen, die sozialen Fakta werden brutal in die Ketten von Überlegungen eingreifen, die aus den seelischen Fakten gefolgert wurden.

Und daher ist gewißlich richtig: die Wirkungen, die die Gesellschaft als Ganzes durch ihre Erziehung auf die heranwachsende Generation als Ganze ausübt – von den Wegen dieser Wirkung habe ich nun schon lange genug geschrieben –, lassen sich größtenteils auf Wirkungen zurückführen, die einzelne Erwachsene auf einzelne Kinder ausüben. Die guten sowohl wie die schlechten, woher immer wir den Maßstab zu dieser Beurteilung nehmen. Hier liegt natürlich, wenn irgendwo, eine Möglichkeit für die Erziehung. Nur leider sind die Erwachsenen, die Subjekte der Erziehung, ihrerseits die Resultate jenes recht undurchsichtigen Ganzen, das wir Erziehung nennen, daher im großen Ganzen ungeeignete Subjekte einer Erziehung, die auf große revolutionäre Wandlungen der Menschenseele aus ist. Es ist der Hexenring, in dem die Pädagogik gebannt ihre wunderlichen Tänze zelebriert, indem sie die neuen Erzieher für die neuen Menschen sucht. Und hier gibt es kein Rettungsmittel. Denn Erziehung ist nicht allein, was die Erzieher ausüben (oder auszuüben vermeinen). Erziehungssubjekte sind die Väter und Mütter, die Tanten und Onkeln, die Krämer und Chauffeure, Schutzleute, Schaffner und Postboten, Plakatzeichner, Kinoregisseure, Journalisten, Redner . . . , es ist die ganze heutige Gesellschaft. Im Keller der Nationalbank, gewiß, liegt das pure Gold in dicken Barren geschichtet – so stelle ich mir wenigstens dieses helle Kapital der Nationalökonomie vor –, aber was wir zu sehen, zu handeln bekommen, womit wir täglich leben, das sind die zerfetzten, schmutzigen Kleingeldscheine, die ihren Wert, ihre Existenz von jenem Goldschatz ableiten, aber schmutzig und wertlos sind trotzdem; gelegentlich freilich ist ein glatter, strahlend schöner und edler mit in der Masse, erstaunt, freundlich, erfreut betrachten wir ihn ein wenig länger, halten ihn vielleicht ein paar Tage, aber dann hat auch er uns zu verlassen. Auch das Bild von diesem oder jenem unserer Erziehungssubjekte bleibt länger in uns, vielleicht auch für immer; es wirkte tiefer vielleicht als die anderen – wer will das wissen, wer weiß von sich mehr, als ihm die tendenziös lärmende Oberfläche seiner Seele aufdringlich zeigt? – aber unter Tausenden unbemerkten schmutzpapierenen. Von jeder Liebe bleibt in uns ein dauernder Niederschlag, ein Stück unseres Charakters, unserer Persönlichkeit. Auch von den Lieben zu amtlichen Erziehern. Aber vor ihnen waren die entscheidenderen Lieben zu den Eltern, zu den Menschen unserer frühesten Kinderumgebung, mit und nach ihnen zu manchen anderen Menschen. Und die Liebe fragt nicht immer nach Wert und sittlicher Vollendung; ihr Niederschlag in uns ist nicht immer der Wert der geliebten Person. Die Chancen stehen schlimm für unseren edlen jungen Mann, der gerade durch Erziehung wesentliche Weltveränderungen vornehmen will.

Ich desillusioniere. So sagt man mir. Und ich bin gar nicht bereit, das einzusehen, obgleich ich den Tatbestand glaube. Ich verstehe ihn eigentlich nicht. Denn ich kann nicht begreifen, was diese großen Hoffnungen mit der Erziehertätigkeit zu tun haben. Will denn ein ordentlicher Schuster mit seiner Arbeit mehr als Geld verdienen und, wenn er ein Künstler ist, ordentliche Schuhe liefern? Ist er desillusioniert, wenn ich ihm beweise, daß Gott auf Erden so wenig wie die Sittlichkeit und die Kultur und der Sozialismus durch sein Geschäft verwirklicht werden? Und der Arzt, braucht er mehr als sein Einkommen und das Gefühl, daß er die Kranken gesund gemacht hat? Was geht den Erzieher die Kultur und die Menschheit an? Ist es nicht genug, Pflegebedürftigen Pflege zu geben, mit Kindern zu spielen, was sie bekanntlich sehr freut, Kinder zu unterrichten, was ihnen schließlich auch nützt, wenn es sie auch minder freut, zu lieben und geliebt zu werden – in der richtigen Weise, von der ich bald noch einiges zu erzählen habe – wozu noch mehr, noch alles dazu:

die Zukunft gleich mitgestalten und gar noch im Sinne der letzten Ideale einer geradezu ausschweifenden Endgültigkeitsorgie? Wozu dies Plus? Und die Desillusionierung, wenn dies Idealplus gestrichen wird?

Nun, das sind keine rhetorischen Fragen. Sie sind beantwortbar, und zwar in einer zweischichtigen Antwort. Dem Gros ist dieses stürmische Plusbegehren billig abzukaufen mit einer entsprechenden Einkommenserhöhung. Laßt sie Kinder unterrichten und dadurch vernünftig verdienen, und sie werden ihre Tätigkeit sogleich für eine in sich genügende und vernünftige halten und sie nicht mehr an den Sternenhimmel der Ideale knüpfen. Aber andere sind komplizierter gebaut. Sie werden unbefriedigt bleiben. Und das liegt tief im Wesen der Erziehung verankert. Die Erziehung als Tätigkeit in der Paargruppe ist für den Erwachsenen unbefriedigend. Er sucht Ersatz, Kompensation in jenen Idealen.

Für diese Unbefriedigung des Erziehers ist manche Ursache aufzuzählen; im Verlauf meiner Darstellung habe ich eine ziemliche Anzahl von Gründen erwähnt. Hintereinander geschrieben, geben sie ein erbauliches Kapitel. Sie münden aber alle in die tieferen Grundursachen, die sich wieder aus der einen Tatsache verständlich ableiten, daß der Erzieher – den ich hier meine und um dessen angebliche Desillusionierung wir streiten – seinen Beruf aus Liebe zu den Kindern gewählt hat. Und diese Liebe bleibt unbefriedigt. Es ist ja auch wirklich eine paradoxe Liebe. Wie kommt der Erwachsene dazu, Kinder – wohlgemerkt, fremde, nicht die eigenen Kinder – zu lieben und nicht nur in der beiläufigen Weise, die wir wohl verstehen, daß einer sich an einem frischen Kindergesicht eine Stunde lang erfreut, sich erheitern läßt durch einen tollen Kinderstreich, durch eine kluge Frage, gelegentlich mit Kindern spielt, selbst ein Kind geworden, für ein paar dem strengen Leben gestohlene Minuten, sich ein wenig kindliche Zärtlichkeit gefallen läßt, sie freundlich spendet, – nicht so, sondern Tag und Nacht, als hauptsächlichste eigentliche Beschäftigung, den Verkehr mit Kindern zu suchen, mit ihnen, für sie zu leben, zu sorgen und denken, den Umgang mit Kindern nicht entbehren zu können und dadurch zu beweisen, daß in seinem Unbewußten eine starke triebhafte Liebe zu Kindern lebt, auch wenn er bewußt davon nicht viel, vor allem nichts Drängendes, nichts von Sehnsucht und Genuß erlebt. Der Erwachsene sonst liebt keineswegs Kinder; von den eigenen, die er lieben muß, weil er sie nicht hassen darf, sei abgesehen. Sie stören, machen Lärm und Schmutz, schwatzen Unsinn, belästigen in jeder erdenklichen Weise. Man liebt sie nicht, hat mit ihnen womöglich nichts zu tun; läßt sich's aber nicht vermeiden, so wird bald Ärger, Feindseligkeit, Abneigung in dieser oder jener Weise sich äußern. Der gute Onkel, der schrulligerweise Kinder liebt, wird belächelt und entschuldigt; der Gute weiß eben nicht, wie sie wirklich sind, wie sie sind in ihrer sie nicht liebenden Umgebung. Der Erzieher ist von diesem Verhalten beträchtlich unterschieden, er ist der gute Onkel, der die Onkelhaftigkeit zum Beruf gemacht hat. Er liebt Kinder eben, hat diesen Beruf gewählt, weil er ihm den fortgesetzten Kontakt mit den Objekten seiner Liebe gestattet.

Liebe ist ein schönes Wort. Und verwunderlich ist nur, daß die Sprache die Freudschen Entdeckungen vorweggenommen hat, indem sie mit dem gleichen Wort eine Neigung von beträchtlicher Tiefe bezeichnet, einerlei, welchem Objekt sie gilt, ob das nun Landschaften, schöne Weiberbeine, Alkohol, Wissenschaft, Gott, rosa Bänder oder Kinder sind. Die Sprache findet, daß die Strebung das Wichtige ist, sie erklärt alles Begehren für identisch, alles von einer bestimmten, so schwer definierbaren, so schön bedichtbaren Art und Tiefe. Sie erklärt es alles für das Eine, das Freud Libido oder Eros nennt. Unsere prüde Zeit* hat freilich ge-

* Von der verlogenen Prüderie unserer Zeit zu sprechen, ist dem Psychoanalytiker, dessen Wissenschaft so stark unter diesem Faktum zu leiden hat, eine liebe Gewohnheit. Ich darf sie um so eher festhalten, als ich Eltern und Erzieher unter den Lesern dieses Buches erwarten darf. Und in diesen Funktionen sind Alle auch heute noch prüde. Aber es soll nicht vergessen sein, daß der Kreis der Schamlosen in den letzten zwei Jahr-

funden, daß es eine Anzahl von Objekten gibt, die unrein sind, und merkwürdigerweise nicht ewa Geld, Anthroposophie, Krieg und unsere famose Gesellschaftsordnung für verfemte Objekte erklärt, die man zwar lieben kann – denn alles kann man lieben – aber nicht lieben darf, ohne die Liebe selbst zu entheiligen, sondern sie hat festgesetzt – perverser Weise –, daß die Liebe, die den besonderen Reizen des anderen Geschlechtes gilt, die die tiefsten Erschütterungen und die höchste Lust gewährt, die »unser Erdenwallen durch Zeugung verewigt«, die dem urältesten Objekt auf Erden gilt und uns mit allem Organischen verbindet, ausgerechnet die Geschlechtsliebe bewertet sie als unrein. Und um die Reinheit der übrigen Objekte zu erhalten, sollen Abgründe des Wesens diese Liebe von jener Liebe trennen. So widersinnig, daß man es mit den Vokabeln der Sprache, die hartnäckig Liebe und Liebe als Liebe bezeichnet, gar nicht klar ausdrücken kann. Die Bewertung kann ich mir aufzwingen lassen, ich kann sie respektieren, wenn ich will, wenn ich in Ruhe leben will, aber das Opfer des Intellektes kann ich ihr nicht bringen. Niemand darf es mehr, seit dieser Mann, Sigm. Freud – darin allein schon groß, über jeden Vergleich – unerschrocken vor der Fehme der Prüderie die sogenannte geschlechtliche Liebe als die ursprüngliche, als die wesentliche, vorbildhafte, zielgerechte erkannt hat und alle andere Liebe als abgeleitete, zielabgelenkte erwiesen hat. Diese Auffassung hat nichts mit der Bewertung zu tun. Es bleibt jedem Prediger unbenommen, die Liebe zum Genitale als unreine, die zur Disciplina gynopygica als heilige Handlung zu beurteilen, darum bleibt doch diese abgeleitete, von jenem Ziel eben durch diese Bewertung abgelenkte, die ursprüngliche Liebe. Und es lebt in der schwarzen Seele solchen Predigers die alte, ewig gleiche Liebe zu ihrem ur-

zehnten sehr viel größer geworden ist. Noch weniger aber sei vergessen, daß die programmatische Schamlosigkeit derselben fatalen psychischen Situation entspringt wie die Prüderie. Eins kann unvermittelt ins andere übergehen. Beide Extreme bieten nicht die Atmosphäre, in der Erziehungswissenschaft und psychologische Wissenschaft gedeiht.

sprünglichen Objekt, freilich im noch schwärzeren Verließ des verdrängten Unbewußten fort, und sie ist es, die ihn treibt zu solcher lauten Predigt und zu leisen Versuchungen, denen er manchmal – hoffe ich – erliegt.

Solch zielabgelenkte Liebe ist es, die den Erzieher zu »seinen« Kindern treibt. Sein Tun ist durch diese Feststellung nicht entwertet. Aber er wird auch in seinen Widersprüchen durch sie verständlich. Denn die zielabgelenkte Liebe ist die kompliziertere, sie schafft Situationen tiefster Befriedigung, ganz so wie die zielgerechte, sie schafft aber auch Situationen tiefster Unbefriedigung. Sublimierung hat Freud mit einem bequemen Wort die Zielablenkung der Libido von ihrem ursprünglichen, dem Sexualziel und dem Sexualobjekt auf ein anderes, kulturell hoch gewertetes Objekt oder Ziel genannt. Die Liebe des Erziehers zu Kindern ist echte Liebe, freilich sublimierte. Das Kind ist kein geeignetes Objekt. für die Sexualliebe des Erwachsenen. Wo dies einem Individuum triebhaft so erscheint, bewerten wir es als Perversion oder Verbrechen. Und durch diese Verurteilung allein schon wird das Kind völlig ungeeignet zur direkten und ursprünglichen Befriedigung. Hatte der Erzieher solche Tendenzen, so verwarf er sie energisch, verdrängte sie sorgfältig und restlos aus seinem Bewußtsein, wehrt ihren Durchbruch in Aktion erfolgreich ab. Er liebt das Kind und die Kinder vielleicht mit ein wenig Zärtlichkeit, die er gibt, und mit etwas mehr, die er nimmt, doch nicht einmal dies ist nötig, sondern er liebt es im »allgemeinen«, indem er sich ihm, seiner Zukunft, seiner Entwicklung widmet. Das Maß an solcher sublimierter, sublimer Liebe, das einem zur Verfügung steht, ist ein wesentlicher und meist recht früh in der Jugend erworbener Zug seines Charakters. Von ihm hängt nicht zuletzt der soziale Wert des Individuums ab, denn diese Liebe ist die eigentlich selbstlose; sie hat ihre Befriedigung in sich selbst – sie fordert vom Objekt im Grunde nicht mehr, als daß es Dienste annehme. Fragt sich dann nur noch, welches Objekt gewählt wurde, ob Briefmarken oder Kinder, und welche Dienste es annehmen soll, ob Prügel oder Freundlichkeit. So wäre der moderne Erzieher, der ein wichtiges Objekt und freundliche Dienste zum Ziel seines Liebestuns gewählt hat, nicht allein ein bewunderungs-, sondern auch ein beneidenswürdiges Subjekt. Nur leider, daß der Vorrat an jener echten sublimen Liebe bei uns heutigen Menschen – auch bei deren Erziehern – allzu gering ist, nicht ausreicht, einem einzigen Kinde das Abc zu lehren, eines einzigen Jünglings Konflikte anzuhören. Und dieser Mangel wird ersetzt durch scheinbar sublime, in Wahrheit gänzlich unabgelenkte, aber von ihrem ursprünglichen Ziel abgedrängte Libido. Derer hat der Erzieher überreichlich. Aufgewachsen in einer Gesellschaft, die im Grunde auf Haß gebaut ist – freie Konkurrenz, Ausbeutung, Krieg, Besitz, Profit sind ihre gesetzlich geschützten Signette –, sind seine Liebestriebe von Kindheit an weder gesättigt noch kultiviert, sondern verkümmert, verdrängt verwildert. Dürfen sie sich sättigen, so ist die Befriedigung lahm und gebrochen, mit Schuldgefühl beladen, neurotisch verkürzt oder mit Konflikten belastet, denen durch Verzicht zu entgehen erträglicher erscheint. Und sie dürfen nicht einmal, die guten Erzieher. So drängen sie den Wunsch nach Weib oder Mann, Kind, Liebe, Selbstsicherheit und Geliebtheit auf die fremden Kinder, die dieses nicht erfüllen können, selbst wenn sie wollten, und jenes nicht einmal soviel dürfen, als sie vielleicht könnten. So trägt die scheinbare sublime Liebe des Erziehers den Keim zur tiefsten Unbefriedigung in sich, denn sie ist es aus Not – innerer und auch äußerer – und darum bloß zur Not. Schon der geringsten Belastungsprobe nicht gewachsen.

Tiefer ins Verständnis, tiefer aber auch in die Struktur der Seele und in die Widerstände gegen die Freudsche Lehre führt uns die nächste Schicht der Antwort. Wir erinnern uns der zentralen Freudschen Entdeckung: jedes Kind entwickelt eine tiefe Liebesneigung zum andersgeschlechtlichen Elternteil und im Zusammenhang damit heftige feindselige Impulse gegen den gleichgeschlechtlichen Elternteil als gegen seinen Rivalen. Der Knabe liebt seine Mutter und wünscht an seines Vaters Stelle bei ihr zu herrschen, dessen Widerstände mit Todes-, Rache-, Abneigungs-, Aggressionsimpulsen beantwortend. Er findet sich in derselben Situation, die die Sage Ödipus zudichtet, der seinen Vater erschlug und mit seiner Mutter schlief. Unwissentlich und dennoch schuldig. So wie das Kind unschuldig, unbewußt sogar in die Ödipussituation hineinwächst und doch schuldig gesprochen wird von seinem eigenen Ich. Die Ödipussituation ist eine notwendige Entwicklungsphase. Es dauert einige Jahre, drei, vier, fünf, bis das Kind in sie gerät, um sie nach weiteren paar Jahren zu überwinden. Sie fehlt in keinem Fall. Auch dann nicht, wenn das Kind – der berühmte Waisenknabe der Gegner aller Psychoanalyse – nicht mit seinen leiblichen Eltern aufwächst; es spielt diese Phase dann an geeigneten Ersatzfiguren ab. Komplizierte Familienverhältnisse komplizieren die Ödipussituation, das ist alles. Aber nicht einmal sicher. Denn wir durchschauen noch keineswegs die Bedingungen, unter denen die mannigfaltigen Variationen und Komplikationen des Ödipuskomplexes entstehen oder vermeidbar sind. Keinesfalls kann ein Kind in der Familie – einer Paargruppe – aufwachsen, ohne den Ödipuskomplex zu akquirieren. Sein Untergang ist die schlechthin entscheidende Station der seelischen Entwicklung. Das derzeit als normal gesetzte Ende der infantilen Situation, die konventionelle Untergangsweise, bringt die definitive Abspaltung einer großen Zahl kindlicher Wünsche, Erlebnisse, Triebe als verdrängtes Unbewußtes vom Ich, das auf diese Weise, von allen Spuren, jeder Erinnerung, jedem Erleben der Urverbrechen Inzest und Vatermord gereinigt, durch Schuldgefühl, Gewissen, einen Überbau von Idealen, Zielen, Satzungen vor dem Durchbruch des Verdrängten sich sichert. Das Verdrängte aber ist bei weitem nicht erledigt, es bleibt lebendig im Verborgenen und wirkt auf das Denken, Handeln und vor allem auf das Lieben dieses Ich – entstellt, darum von ihm nicht erkannt, unbewußt, darum nicht bemerkt – nachhaltig, entschieden und andauernd ein. Die Wirksamkeit dieses Verdrängten, des Ödipuskomplexes, hat ein fanatisch und schlau festgehaltenes Ziel: die Kindheitssituation mit ihren Wünschen, ihren Erfüllungen, ihren Schicksalen wieder herzustellen. Wo und wen und was wir lieben: Es liebt in uns, und Es liebt nur in der einmal schon erlebten Weise. Mit jenen Entstellungen, jenen Korrekturen, jenen Kompromissen, die das Ich erzwingen kann, erzwingen muß, um nicht vis-à-vis dem einen: dem Urverbrechen zu stehen.

Entsteht zwischen Kind und Erzieher überhaupt eine Beziehung, so wird unweigerlich und unvermeidlich die Ödipusbeziehung sich aus ihr entwickeln. Und zwar von beiden Seiten her. Das Kind wird den Erzieher lieben (oder hassen oder lieben und hassen), wie es Vater oder Mutter liebt oder liebte. Es bringt ihm stürmisch, hartnäckig und, wenn es sein muß, verschlagen die Wünsche entgegen, die es zu ihnen hegte, und wird sich getrieben sehen, das Schicksal zu wiederholen, das sie damals erfuhren. Und der Erzieher, was bleibt ihm anderes übrig, als diese Rolle anzunehmen, einerlei, ob er das Kind liebt oder nicht. Er setzt das Werk der Eltern, und wäre es mit anderen Mitteln, fort oder wiederholt es in einer dem Kind neuen Weise: er arbeitet auf den Untergang des Ödipuskomplexes hin, wenn auch des Kindes Sexualliebe zu ihm nicht Inzest, des Kindes Aggression nicht Vatermord sind. Unser Erzieher liebt aber das Kind. Er spielt seine Rolle freiwillig, mit Begeisterung und Hingabe, unter dem Wiederholungszwang, wenigstens unter den Einwirkungen seines eigenen Ödipuskomplexes. Dies Kind vor ihm ist er selbst als Kind. Mit denselben Wünschen denselben Konflikten, denselben Schicksalen. Die wirklichen Unterschiede wiegen hier leicht. Sie sind Unterschiede des Ichs, soweit sie überhaupt zählen, aber nicht Unterschiede der Triebe und ihrer Wünsche. Und sein Tun, sein Erfüllen und Verbieten ist das seiner eigenen Eltern. Er ist in dieser pädagogischen Paargruppe zweimal enthalten: als Kind und als

Erzieher. Reichlich kompliziert, aber noch nicht genug. Denn er als Erzieher, er ist gar kein Er, kein Ich, sondern ein denkendes, handelndes Ich, dem eine ichfremde Gewalt: das Triebwünschen seines Verdrängten, hemmend und treibend gegenübersteht. So steht der Erzieher vor zwei Kindern: dem zu erziehenden vor ihm und dem verdrängten in ihm. Er kann gar nicht anders, als jenes zu behandeln wie er dieses erlebte. Denn was jenem recht, wäre diesem billig. Und er wiederholt den Untergang des eigenen Ödipuskomplexes am fremden Kind, an sich selbst. Er wiederholt es auch dann, wenn er scheinbar das Gegenteil all dessen tut, was ihm seine Eltern antaten.

Also ich finde diese pädagogische Situation reichlich kompliziert und sehe des freundlichen Lesers Hoffnung schwinden, in diesem Wirbel von Affekten rationales Tun, zielbewußtes Handeln nach Prinzipien und den Resultaten der Empirie zu erwarten. Aber das eine wenigstens wird er vermuten: sie bietet tiefe Befriedigungsmöglichkeiten für den Erzieher, wenn die drei Partner, das Kind vor ihm, das Kind in ihm und sein Ich, in Harmonie sich in der großen Wiederholung finden. Ebenso groß freilich ist die Möglichkeit tiefster Unbefriedigung. Ja sie ist eigentlich unvermeidlich auf die Dauer und ein seltener Fall, wenn sie nicht eintritt. Denn die beiden Kinder wollen die Wiederholung der Ödipussituation, das Ich will die Wiederholung ihrer Überwindung, ihres Untergangs. Es antwortet mit Schuldgefühl – oder seinen mannigfaltigen Äquivalenten, die dem Psychoanalyse-Kundigen nicht aufgezählt zu werden brauchen, dem Unkundigen in einem Nebensatz nicht verständlich gemacht werden können, die aber alle Unlust erzeugen, Hemmung, Überdruß –, wenn sich die von ihm verworfene Liebessituation einstellen will, das verdrängte Kind weiß sich zu rächen, wenn sie ihm verwehrt wird. So wird der Erzieher auf das Kind vor ihm mit Ärger, Strenge, Inkonsequenz, Verfolgung reagieren – sich meint er und den Zögling schlägt er; und verliert dessen Liebe, die er doch, freilich im erlaubten Maß, in vorgeschriebener Weise erstrebt. Er wird sich in dieser Situation rechtfertigen – durch idealistische Pädagogik. Verliert er die Liebe des Zöglings, so will er den Dank der Menschheit gewinnen für sein menschheitsförderndes, -beglückendes Tun. Andererseits gelingt es ihm, das Schuldgefühl zu übertönen, wenn die Liebesharmonie zwischen den beiden Kindern hergestellt ist, indem sein Ich diesen an sich verwerflichen Akt, als Mittel zur Menschheitsrettung und -wandlung geheiligt, gestatten darf oder muß.

Eine Reihe von kleinen und großen Fragen, die ich kurz angedeutet oder auch unterdrückt habe, wären von diesem Punkt aus auf allerhand Seitenwegen zu beantworten. Ich muß dies dem eigenen Denken der Leser überlassen, denn ich soll in diesem kurzen Buch von den Grenzen der Erziehung sprechen; und trotz der 142 Seiten, die bereits hinter uns liegen, ist erst eine dieser Grenzen erreicht. Darum sei mit Unterlassung aller Seitenblicke festgestellt, daß uns die Erörterung, die ich unternahm, um von der Desillusionierungsfurcht mich und den Leser zu befreien, an die Grenze der Erziehung geführt hat, die durch die seelischen Tatsachen im Erzieher gegeben ist; wir erkennen als Grenze für alles ins Große gedachte pädagogische Wollen die Konstanten, die seelischen Konstanten, im Erzieher als dem Erziehungssubjekt. Wir sind längst schon auf sie gestoßen, sie entlang gegangen, nun erst wollen wir sie als solche erkannt haben.

Und wie das so zu sein pflegt, daß man die Talwärtswanderung gern im Laufschritt nimmt, Serpentinen kürzend, kleine Abhänge hinunterspringend, um so eiliger, je näher der Abend kommt, kürzen wir unseren Erörterungsweg am Ende, das sehr nahe ist, und springen unvermittelt an die dritte Grenze der Erziehung. Wir können diesen Sprung unbesorgt wagen. Niemand hat gezweifelt, daß er diese folgenden Sätze in diesem Buch finden wird, er dachte freilich, der Spaziergang würde an dieser Mauer entlang beginnen und langsam, stundenlang ansteigend, hinaufführen. Denn jeder Baedeker für pädagogische Ambulationen rät auszugehen von der Erziehbarkeit des Kindes; sich einen deutlichen Eindruck von den psychologischen Möglichkeiten zu verschaffen, die die Natur des Kindes jedem Erziehungseinfluß bietet, den Widerständen, die sie ihm entgegensetzt. Die Grenze der Erziehung ist nach der gebräuchlichen Anweisung die Erziehbarkeit des Kindes, seine Konstitution, seine Veränderbarkeit. Es ist nur eine Grenze; aber die allbekannte, wenigstens die meistens bedachte. Daher schien es mir lohnender, den Spaziergang umgekehrt zu machen, diesen steinigen und langweiligen Weg talwärts am Abend zu nehmen und den Anstieg über die aussichtsreicheren und verschlungeneren Wege zu gehen, die die pädagogischen Cicerones nicht kennen.

Über die Erziehbarkeit des Kindes haben sich Pädagogiker gelegentlich sehr pessimistisch geäußert, so sehr, daß sie eigentlich die Pädagogik als Ganzes hätten für überflüssig erklären müssen. Das aber taten sie doch nicht. Ich neige zwar zu dieser Einstellung, sehe aber doch nicht so schwarz in der Frage der Erziehbarkeit. Unter dem Eindruck des Darwinismus, der Vererbungslehre, der Konstitutionsforschung, der Lehre von der Determination des Psychischen mochte man sich leicht die Vorstellung bilden, daß das ganze künftige Leben des Menschen im Augenblick der Zeugung bereits beschlossen ist, daß das Leben des Menschen nichts anderes ist als der Ablauf eines mechanischen Puppenspiels, in dem jede Bewegung vom Mechanikus vorausbestimmt ist, und daß es nur Kindern, die das Uhrwerk nicht verstehen und von ihm nichts wissen, als freie Handlung der Spielfiguren erscheinen mag. Freilich ist solch ein Determinist nicht viel besser daran als diese Kinder. Er weiß, da ist solch ein Uhrwerk, aber auch er versteht es nicht, er kann nicht vorhersagen, wie sich die Puppen drehen werden, er muß mit ihnen verkehren, als wären sie freie, in nichts bestimmte Persönlichkeiten, und weiß doch, daß sie es nicht sind. So ist er schlimmer als die Kinder dran. Er wird als Pädagoge sagen, was immer am Kinde erzogen wird, es wird sich doch nie anders verhalten, als der Mechanikus die Drähte und Federn gestellt hatte. Wir haben den Chok des Darwinismus und der Vererbungslehre überwunden. Wir sehen, daß sich die Menschen keineswegs wie Puppen drehen. Ihr Schicksal ist vorausbestimmt – gewiß – vom Augenblick der Zeugung an, es wird aber erst fällig in einer bestimmten Biosphäre, in einem bestimmten Milieu, es wird konkret an bestimmten Erlebnissen, durch gewisse Einflüsse von außen. Das Leben des Menschen ist Rekapitulation, aber nicht Rekapitulation des Lebens des Vaters oder des Urahns. Denn es ist neben der Rekapitulation, außer ihr noch ein Eigenes. Es ist ein Konkretum, es verläuft an einem konkreten Ort, in einer konkreten Zeit, unter konkreten Umständen. Und was wir das Leben des Einzelnen heißen, ist jene individuelle, einmalige Nuance der Rekapitulation, die der allgemeinen Tendenz durch ihre konkrete Lokalisation aufgeprägt wurde. Es gibt Zufälle. Dem Embryo war die stolze Hakennase vorbestimmt, die der Vater trug, es sollte sie wiederholen, so wie er sie seinem Vater nachtrug und dieser seinem. Die unvorsichtige Amme hat diesen Plan der Natur zerstört. Heute noch zeigt das Mißgebilde die Absichten der wiederholungswütigen Natur und die Zerstörung des Zufalls – Fall aus dem Kinderwagen – in groteskem Kompromiß. Und das Individuelle am Leben ist nichts als das System dieser Zufälle, der Kompromiß zwischen diesem System und der Rekapitulation. Die Tendenz zur Wiederholung ist allgemein, ist vieldeutig. Und mein Leben ist eine der möglichen Deutungen. Gewiß die einzig mögliche Deutung, rebus sic stantibus: als diese meine Erberfahrung in diese meine Zufälle geraten war. Das Individuum ist vielfältig geschichtet. Es ist ein Plasma-Organismus, als solcher ein höchst allgemeines Ding, von allen anderen nicht bemerklich unterschieden, das Plasma-Schicksal auf Erden wiederholend, einer der ungezählten Billionen Fälle. Es ist ein Säugetier mit allgemeinem Säugetierschicksal. Es ist ein Proletarier vom Jahrgang 1890.

Es ist ein Ego schließlich mit seinem eigenen, einmaligen Schicksalsgesicht. Und gerade diese oberste, schmalste und dünnste Schichte ist dem Individuum die wichtigste, sie allein ist die seine; die Zufälle, die sie bildeten, sind für ihn Erlebnis, Schicksal. Er wehrt sich dagegen, sie als sinnlose Zufälle zu werten, er möchte sie als sinnvolle Leitung eines freundlichen Gottes oder eines Vereines geheimer Männer, wie Wilhelm Meister, deuten, er möchte sie Erziehern danken können. Diese individuelle Schicht ist auch die für die Erziehung im engeren Sinne bedeutsame. Es ist falsch und töricht, zu leugnen, daß in dieser Schicht sehr bedeutsame Wirkungen gerade durch die Erziehung erreicht werden, die eben ein Stück des Systems von Zufällen ist, das in der individuellen Prägung Leben heißt. Die Beeinflußbarkeit auch in dieser Schicht ist begrenzt und variabel, aber sie ist in einem beträchtlichen Maße vorhanden. Man darf sich hier fast optimistisch äußern, ist das Kind auch nicht beeindruckbar wie Wachs, so ist es dies noch eher als starr und spröde wie Metall. Die Möglichkeiten und Grenzen der Beeinflußbarkeit des Kindes genauestens abzuwägen und zu bestimmen, wäre eine wichtige Aufgabe der Erziehungswissenschaft. Derzeit aber hat sie noch wenig Sicheres zu ihrer Lösung getan.
Diese Lücke durch Behauptungen auszufüllen, ist im Zusammenhange dieser Schrift nicht so wichtig, als darauf aufmerksam zu machen, daß die Hoffnungen, die von hier aus der Pädagogik erwachsen, nicht sehr bedeutend sind; wenigstens nicht für die Pädagogik mit ihren heutigen Grundeinstellungen. Wäre selbst die Beeinflußbarkeit unbeschränkt, die Prognose ist äußerst unsicher. Und auf die Prognose kommt es der Pädagogik an. Es nützt ihr wenig, zu wissen, daß jede Erziehungsmaßnahme – wenn es selbst so wäre – einen sicheren Einfluß auf das Kind haben, sich in seinem künftigen Charakter, seinem erwachsenen Verhalten nachwirkend bemerkbar machen wird; sie müßte wissen, welchen Einfluß eine bestimmte Maßnahme, welchen spezifischen Erfolg sie haben wird. Und solche Prognose ermöglicht uns auch die

vorgeschrittenste Psychologie nicht, die wir heute denken können. Es liegt das im Wesen des Psychischen. Zwei chemische Stoffe in demselben Mischungsverhältnis, unter den gleichen Bedingungen an Druck, Temperatur usw. zusammengebracht, verbinden sich immer in der gleichen Weise, immer zum gleichen Resultat. Der Chemiker kann dieses Resultat, wenn er es nur herstellen will, unter genauer Einhaltung der Bedingungen erreichen, er kann es von allen weiteren »Wenn« uneingeschränkt für gewisse Bedingungen voraussagen; seine Prognose ist eindeutig. Denn jenes H und O, das er zu Wasser verbindet, hat keine Geschichte. Was immer sie vorher erlebt haben mögen, in welchen Weltteilen, in welchen Verbindungen sie gewesen sein mögen, sie reagieren, wie H und O zu reagieren pflegen. Zwei Kinder aber, die man der identischen Maßnahme aussetzt, können gleichartig reagieren; es ist dies aber nicht gewiß, denn jedes von ihnen hat eine andere Geschichte gehabt, und die Geschichte, die ganze Geschichte des Individuums, wirkt auf die Handlung, auf jede psychische Reaktion. Und die Prognose wird in höchstem Maße unsicher. Ich weiß niemals genau, wie sich das Kind in der geplanten Erziehungssituation benehmen wird, ich weiß nicht, wie sie auf es wirken, wie lange die Wirkung dauern, was ihr schließlicher Erfolg in dreißig Jahren sein wird. Und nicht einmal die Kenntnis der Geschichte des Individuums wird die Sicherheit der Prognose beträchtlich beeinflussen. Nur soweit die gemeinsame Geschichte der Individuen reicht, soweit handeln sie gleich (sind sie gleich beeinflußbar, behandelbar). Und alle Menschen haben auch ein sehr beträchtliches Stück identischer Geschichte, darum sind sie einander so verblüffend ähnlich, ununterscheidbar ähnlich für ein distanziertes Wesen, wie uns Nichthirten eine Schafherde erscheint. Aber dies betrifft ihre unterindividuellen Seelenschichten; und die Pädagogik will es mit den individuellen zu tun haben.

Aus der mehr oder weniger dumpfen Erkenntnis dieses Tatbestandes hat eine Gruppe von Pädagogikern ihre und der

Menschheit Hoffnungen auf Freud gesetzt. Aber durchaus vergeblich, aus Mißverständnis, zum Teil mit Unverstand sogar. Seit Freud erst beginnen wir Seelenleben und Kindheit zu verstehen. Die Psychoanalyse ist die einzige – bisher erfundene – Methode, die wesentliche Seelengeschichte eines Menschen kennen zu lernen. Sie ist eine historische Methode sozusagen; sie lehrt, welche Zufälle Einfluß hatten, sie läßt diesen Einfluß gelegentlich sogar sehr scharf von den Wiederholungstendenzen, die er störte oder individuell prägte, scheiden. Sie ist zu generellen Einsichten gelangt, sie lehrt uns allgemeine Verhaltensweisen der Psyche formulieren, dem Individuum gegenüber bleibt sie aber historisch. Sie weiß nicht mit Sicherheit, wie es reagieren wird, so genau sie auch weiß, wie es reagiert hat und diese Reaktion eindringend verstand. Ihre Prognosen sind nicht völlig unsicher, aber sie sind bestenfalls alternativ. Vor diesem bestimmten Kind und dieser bestimmten vorgeschlagenen Maßnahme kann sie bestenfalls etwa prognostizieren: dies Kind wird entweder zur Verdrängung oder zur Sublimierung veranlaßt sein; in jenem Fall entweder mit Reaktionsbildung oder mit Ausfallserscheinung; bei ersterer Möglichkeit entweder – oder usw. Schon das wäre derzeit unerlaubtes Wagnis; aber es ist nicht unerreichbar. Auch die Psychoanalyse hilft demnach der Pädagogik nicht, die der individuellen Prognose bedarf, deren Objekt ein bestimmtes Kind, das Kind der Eltern Mayer ist. Dieser Pädagogik hilft auch die optimistischste Auffassung von der Beeinflußbarkeit des Kindes nicht. Jede ihrer Maßnahmen bleibt ein Wechsel, auf zwanzigjährige Sicht ausgestellt; niemand kann ihn girieren, niemand die Bonität des Schuldners beauskunften. Wobei es gleichgültig wäre, ob man das Kind oder seinen Erzieher als Schuldner bei diesem immer zweifelhaften Geschäft ansehen will.

Dennoch bleibt auch in Bezug auf die Prognose die Erziehbarkeit des Kindes ein reichlich optimistisches Kapitel. Denn bei aller Unsicherheit der eindeutigen individuellen Prognose ist eine kollektive Prognose möglich, die auf der weitgehenden Ähnlichkeit der Geschichte der Menschen und der Ähnlichkeit ihres psychischen Verhaltens beruht. Die Kenntnis der menschlichen Seelengeschichte, der allgemeinen und der individuellen, wie sie die Psychoanalyse bietet, die Erfahrung, welche die Erziehungswissenschaft wird bieten können – sie erlauben vor einer Gruppe von Kindern zu prognostizieren, daß ihrer eine beträchtliche Zahl, die überwiegende Mehrzahl vielleicht, auf eine geplante Maßnahme in einer bestimmten Weise reagieren wird. Kein Mittel könnte ausgedacht werden, das garantiert, aus jedem kindlichen Verwahrlosten ein erträgliches Wesen zu machen; wohl aber gibt es Mittel, die versprechen, daß dies mit einiger Wahrscheinlichkeit gelingen werde. Diese Selbstverständlichkeit ist von immenser Bedeutung, mag sie auch anscheinend nicht mehr sein als die vorsichtige Formulierung, die der Unvollkommenheit aller menschlichen Erkenntnis Rechnung trägt. In Wahrheit ist sie ein Prinzip für sich. Denn aus ihr folgt eine Prognose, die unter gewissen sozialen Gegebenheiten ausreicht, um auf ihr eine völlig genügend sichere Basis für erzieherische Maßnahmen zu errichten. Handelt es sich nicht mehr um das Kind der Eltern Mayer, sondern um die ganze heute geborene Kindergeneration des Staates, so hat sich der Wert der kollektiven Prognose verändert. Sie ist nicht mehr die vorsichtige, unverbindliche Formulierung der individuellen Prognose, sondern eine eindeutige Auskunft, auf Grund deren Entscheid über Wert und Wünschbarkeit einer Maßnahme getroffen werden kann. Denn eine sozialistische Ordnung wird wissen, daß sie jene Maßnahme durchzuführen hat, die ihr einen gewünschten Erfolg bei sagen wir 80 % der ihr unterworfenen Kinder garantiert. Sie ist gar nicht interessiert, wessen Sprößlinge unter dieser Mehrzahl, wessen unter der unbeeinflußt gebliebenen Gruppe der Minorität sich befinden werden, während die heutige Pädagogik gerade darauf gerichtet ist, bei den kleinen Mayers einen bestimmten Erfolg zu erzielen, das Schicksal der übrigen Millionen oder Prozente ist ihr Hekuba.

Es drängt sich hier der Vergleich mit der Strategie auf, die – Verwirrung und Unheil genug – sozialistische Methoden der Menschentötung verwendet, in einer Ordnung, die für friedlichere und sympathischere Zwecke die mörderischen Mittel der Haßgesellschaft Kapitalismus eingeführt hat.
Die Armeeleitung schätzt die bei einem Angriff zu erwartenden Verluste; findet sie sich mit ihrer Höhe ab, so wird sie ihn wagen und zufrieden sein, wenn ihre Schätzung sich nicht als zu niedrig erweist. Ob Mayer unter den Toten oder Lebenden ist, eine Frage, die dessen Verwandten und Freunden – mit Recht – die wichtigste des Krieges dünkt, ist dem Kommando völlig gleichgültig. Vorausgesetzt, daß die Strategie nicht durch Protektion gestört oder vielmehr gemildert wurde. Die Erziehung wird sich immer, welcher sozialen Ordnung sie auch diene, um die Einzelschicksale kümmern und sorgen. Aber der Entwurf des Grundrisses des Erziehungswesens und die Bewertung der Erziehungseinflüsse und -mittel im allgemeinen wird in einer Gesellschaft, deren Erziehungsproblem das Gesamtschicksal der ebengeborenen Kindergeneration und nicht das des Säuglings Mayer ist, weitgehend rationalisiert sein können und müssen. Sie wird unter Verwendung der Erkenntnisse, welche die Psychologie über die Kindesseele und ihre Entwicklung, welche die Erziehungswissenschaft über die sozialen Wege der Erziehung und die Konstanten im Erziehungssubjekt vermittelt, entworfen sein, von ideologischer Rechtfertigung unbewußter Wünsche auch von verborgenen Tendenzen der herrschenden Minderheit weitgehend befreit sein können.
Hier liegt innerhalb der drei Grenzen die Möglichkeit der Erziehung. Ich hoffe, der Leser hat mich nicht im Verdacht, ich möchte nun die Erziehung und ihre Lehre, wenn auch auf einen von hohen Mauern umgebenen, so doch windgeschützteren Raum überpflanzen, sie im übrigen belassend, wie sie ist. Er wird – so hoffe ich – nicht vergessen haben, daß die Erziehbarkeit des Kindes nicht nur nicht allein, sondern nicht einmal hauptsächlich von den Handlungen des

einzelnen Erziehers bis an ihre Grenze fruchtbar gemacht werden kann, daß sich die kollektive Prognose demnach nicht auf die Erziehung im engeren Sinn beschränkt, sich nicht einmal auf sie bezieht, sondern auf das Ganze der Erziehung, auf die Reaktion der Gesellschaft auf die Entwicklungstatsache in ihrer Gesamtheit. Soll die Möglichkeit der Erziehung irgend einem Zweck zu Nutz gedeihen, in irgend einem Maße vom Willen und den Zwecken einer Gruppe bewußt gestaltet werden, muß sie aus der Einstellung erlöst werden, die als Ziel die Erwachsenheit eines einzelnen Individuums, als Mittel die Handlungen eines einzelnen Erziehers vor allem sieht. Jenes ist nie voraussagbar, dieses nie entscheidend; die Grundlage solcher Orientation ist im Ödipuskomplex verankert, darum rettungslos jeder Rationalisierung entzogen. Die Voraussetzung aber, dies müssen wir wissen, um das Richtige zu tun für eine nach dem Kollektivum gerichtete Zielsetzung und Prognostizierung, auf die Totalität der beeinflussenden Faktoren eingestellte Erziehungsgesinnung, ist nur in einer sozialistischen Gesellschaft gegeben, ist jedenfalls in einer von der Tendenz der herrschenden Kapitalistengruppe kontrollierten und gefärbten nicht möglich.

Diese Behauptung möchte nicht als Bekenntnis, sondern als Erkenntnis verstanden sein. Wenn dies Buch sich auch einen freieren Ton erlaubt und die persönliche und affektive Stellungnahme des Autors nicht so sorgfältig verwischt, wie einer wissenschaftlichen Arbeit ansteht, so ist es doch weder ein künstlerisches Werk, das Phantasie und Affekt gestalten und spielen lassen will, noch eine Agitationsschrift, die unter Argumenten einseitig dem Parteizweck dienliche betont, feindliche unterdrückt, sondern das Ergebnis wissenschaftlicher Einsichten, Konstruktionen, Einstellungen. Daher will ich nicht für den Sozialismus werben, indem ich ihn als die makellose, wünschenswerte, allerlösende Zukunft hinstelle; nicht einmal in Zweifel ziehen, daß es noch sehr fraglich ist, wie weit er seinerzeit die Menschen befriedigen und die Menschheit befrieden wird; sondern an dieser Stelle ausschließlich feststellen, daß es notwendige Beziehungen zwischen ihm und seiner Erziehung gibt, und erweisen, daß er jene Ordnung der gesellschaftlichen Dinge darstellt, in der die Pädagogik wissenschaftlich werden *kann,* weil sie nicht mehr nötig hat, ihre Erkenntnisse so einzurichten, daß sie zugleich Rechtfertigung für die Tendenzen des seine Macht sichernden Kapitals sind, und sie ihre Fragestellungen nicht nach dem Interesse der einzelnen Eltern, als den Besitzern ihrer Kinder, einrichten muß. Die Erziehungswissenschaft findet keinen festen Grund unter ihren Füßen, wenn sie diese im Wesen auf die Paargruppe gerichteten Fragen beantworten muß. Nur solche aber sind für die bürgerlich-kapitalistische Ordnung von Wert. Und es gibt in ihr keine Erziehungswissenschaft, alles Bemühen, das auf eine solche hinzielte, wird in sich unwissenschaftlich, genötigt von der bürgerlichen Ordnung und ihren Tendenzen. (All dies als Tatsachenfeststellung und noch nicht als Wertung gemeint).

Aber sie kann auch keine Erziehungswissenschaft dulden. Sie wird ihr weder die Lehrstühle an den Universitäten noch die Kapitalien für Institute und Verlage überlassen; sie wird ihr nicht die Autorität verleihen, den Aberglauben zu zerstören, der sich als fundierte Rechtfertigung des den psychischen Konstanten entstammenden erzieherischen Tuns maskiert. Im Gegenteil, sie muß solche Versuche stören, wo immer sie irgend ein Maß von Sichtbarkeit erlangt haben. Denn die gesamte Gesellschaft ist auf der Tatsache der Ödipussituation des Kindes und dessen spezifischer Untergangsform aufgebaut. Und daher muß die Erziehung und ihre Ideologie, ihre Wissenschaft, die Folge, die Konservation dieser Grundtatsache sein. Die Erziehungswissenschaft, die hievon absehen wollte, die nachweisen würde, daß diese wirklich geübte Erziehung jenen sozialen Ursachen, diesen psychischen Voraussetzungen entspricht, daß aber die Rechtfertigung dieses Tuns – das Pädagogik heißt – Aberglaube ist, kann sich nur trotz dem Kampfe der herrschenden Gruppe entwickeln, wenn ihr der Sozialismus Atemluft gewährte. Dies aber ist in erster Linie eine Frage seiner erreichten Machtposition. Ich glaube, sie reicht aus für die Entwicklung einer sozialistischen Erziehungswissenschaft, für eine unabhängige Erziehungswissenschaft. Die heutige ist, wenn sie sich auch noch so frei fühlt oder gebärdet, abhängig, und zwar von den Tendenzen der herrschenden kapitalistischen. Das Phantasma von der völlig freien, von der absoluten Wissenschaft dient nur der Verschleierung ihrer Abhängigkeit. Auch in der sozialistischen Gesellschaft wird der einzelne Gelehrte, der Betrieb der Wissenschaft, ihre Fragestellung und ein gut Teil ihrer Methoden begrenzt sein in den Bereich der materiellen und ideellen, der Denkmöglichkeiten der sozialistischen Ordnung, sie wird ihre jetzigen Abhängigkeiten gegen andere ausgetauscht haben, aber sie wird natürlich nicht frei, nicht bedingungslos sein. Uns erscheinen freilich diese künftigen Abhängigkeiten erträglicher, fruchtbarer als die heutigen; es ist fraglich, wie sie den Beteiligten erscheinen werden, und wir tun gut, uns dieser Tatbestände erinnernd, von sozialistischer Erziehungswissenschaft zu sprechen, die wenn auch nicht *die,* so doch eine wünschenswerte Wissenschaft ist. Ihre Förderung, meine ich nun, könnte heute bereits von der Machtposition des heutigen Sozialismus aus geschehen. Sie würde gewiß dessen Fundierung rückwirkend fördern. Aber die Sozialisten selbst sehen diese Möglichkeit nicht. Sie sind rückständig in ihren pädagogischen Auffassungen, stehen in ihnen hinter dem erreichten Denkniveau in anderen sozialen Fragen, hinter dem erkämpften Machtstandard zurück. Die Arbeitermassen und selbst ihre weitblickenden Führer haben den Gedanken der kollektiven Erziehungseinrichtungen und der rationalisierten Erziehungsmaßnahmen nicht erfaßt. Sie sind blind befangen von dem Aspekt der bürgerlichen Erziehung, die derzeit – natürlich – die einzige ist und die ihrer psychischen und sozialen Struktur nach eine individuelle, die Wiederholung der Ödipussituation und seines Unterganges in der Familiensphäre, unter dem Familienvorbild, in der Paargruppe ist. Von dieser Rückständigkeit aus finden die Möglichkeiten der Erziehung eine neuerliche Grenze. Hier zum erstenmal eine übersteigbare. Warum soll der Sozialismus, der gelernt hat, daß es nicht darauf ankommt, die Einkünfte der Besitzenden unter die Besitzlosen zu verteilen, sondern daß es auf eine neue – eben die sozialistische – Struktur ankommt, warum sollte er nicht lernen können, daß es in der Erziehung nicht darauf ankommt, die Vergünstigung der Mittel- und Hochschule dem Proletarierkind zu vergönnen und zu erwirken, sondern auf eine neue Erziehungsstruktur? Diese Einsicht stellt sich her, so wie der Sozialismus die Macht in der Gesellschaft erobert; man hat es in Sowjetrußland gesehen. Aber sie kann sich vorbereiten, noch ehe das geschehen ist. Man kann es erhoffen, ohne zu behaupten, daß die Erreichung des möglichen Niveaus in Dingen der sozialistischen Erziehung von überragender Wichtigkeit für die Entwicklung des Sozialismus wäre.

Wie weit die Erziehbarkeit des Kindes reicht und wodurch sie erzielbar ist, spielt bei all dem gar nicht die entscheidende Rolle. Ich deutete bereits an, daß ich hier in gewissem Sinne optimistisch bin. Wir haben keinen Grund zur Annahme, daß die Rekapitulation der Menschheitsgeschichte im Individuum bis zum Aufbau des Über-Ichs, zum Untergang des Ödipuskomplexes reiche. Es reicht also die Entwicklung des Kindes gewiß vom vierten oder sechsten Jahre an voll in die Sphäre der Erziehbarkeit, die durch die Annahme der Bestimmtheit des Über-Ich-Schicksals durch die voraufgegangenen Jahre zwar eingeschränkt, aber durch die Möglichkeit von Vorbereitungen auch erweitert wird. Die Triebe und die allgemeinen Mechanismen und Verhaltensweisen, sie sind gewiß in ihrem Bestand, Ziel und Ablauf vorhanden und wirksam, von den Wirkungen der beeinflußenden Umwelt unabhängig, die Inhalte aber des Seelenlebens, die Schicksale der Triebe, der Ausbau des Ichs und Über-Ichs, sie sind von der Umwelt gestaltet, mitgestaltet. Änderungen in ihr werden – kollektiv prognostizierbar – Änderungen in den Individuen hervorrufen. Und soweit sich diese Änderungen verständlich machen lassen, erfolgen sie in mannigfaltigen Abwandlungen desselben Prinzips, sie werden von Unlust und Versagung erzwungen, die dem gewohnten (ererbten oder erworbenen) Verhalten sich entgegenstellen, ob sie nun vom Erzieher absichtlich gesetzt oder durch die Umgebung unwissentlich mitgegeben sind. Sie nötigen zur Unterdrückung, zur Verdrängung, zur Sublimierung, zur Identifizierung. Unlust, Angst, Schuldgefühl sind die Motoren, die die Erziehbarkeit zur konkreten Veränderung aktualisieren. Sie sind aber nicht ungefährlich, indem sie die Entwicklung weg von dieser versagenden, ängstigenden, schuldmachenden Umwelt treiben, das Kind bis zur Idiotie dieser Welt entfremden können. Sie müssen für jeden Verzicht, für jedes Verbot, für jede Versagung Ersatzlust bieten. Und weil Ersatzlust immer eine fragliche Sache bleibt, so wird die Umwelt so gestaltet sein müssen, daß sie verhältnismäßig wenige Verzichte fordert; sie wird der Kraft, der Rekapitulationsstufe, der Triebhaftigkeit, dem Lustbegehren des Kindes angepaßt sein müssen, sollen die Kinder an und in ihr zur Übereinstimmung mit ihr heranwachsen und nicht, in Neurose oder Verbrechen von ihr abgewendet oder zügellos gegen sie gewendet, verkümmern oder verwildern. Damit geraten wir aber aufs Neue und sehr bemerklich an die soziale Grenze. Und fragen wir uns, von Verzichten redend, wie diese überhaupt möglich sind, so stellen wir eine sehr sonderbare und zunächst sehr erfreuliche Tatsache fest. Es ist wunderbar leicht, Kinder und Jugendliche noch zu beeinflußen und die erstaunlichsten Veränderungen an ihnen zu erreichen. Selbst tief verwahrloste, verbrecherische und verwilderte Kinder wandeln sich in wenigen Monaten von Grund auf. Man muß sie nur ihrem Milieu entreißen, sie in eine wohlgefügte Kindergemeinschaft einreihen, in ihnen durch geduldiges Liebe-Erweisen Gegenliebe wecken und sie durch konsequentes Versagen, das ihren primitiven, so erwachenden Liebeszielen auferlegt wird, nötigen, sich mit dem Lehrer, den Kameraden, der Gemeinschaft zu identifizieren. Pestalozzi hat all das in Neuhof und Stanz ohne Bewußtsein und ohne Reflexion getan. Uns hat Freud gelehrt, solche Umwandlung der Kinder zu verstehen. Und so könnten wir gegen die Gefahr gesichert sein, der ein Pestalozzi noch erlag. Er sah die Wirkungen, er erlebte die »Liebeskraft«, die ihr Motor war; er erkannte sie sogar als wesentlichen Faktor aller Erziehung. Aber er ließ sich von den Niederer und Schmidt verleiten, die Akzente zu verschieben und der Methode immer mehr, immer zentraler, immer monomanischer und querer Schuld und Verdienst zuzuschreiben; *sie* zum Zentrum eines Systems zu machen, das keinen anderen Sinn hat als den, die Liebestriebe des Erziehers und der Kinder, wenn sie schon nicht verdrängt werden können, so doch theoretisch zu entwerten. Um diesen Preis gewann er die Zustimmung seines Zeitalters vom Kaiser der Russen bis zum trockenen Pastor von X-wyl. Beweglich genug hat er als Greis seine Irrtümer beklagt, hier aber sogar noch das Wesentliche hinter dem Zufälligen verbergend. Wir könnten von ihm lernen; die Psychoanalyse zeigt uns besser, als er selbst es wußte, was. – Was von den verwahrlosten Kindern gilt, trifft die in der Familie krank, schlimm, unerziehbar, unerfreulich, besorgniserregend gewordenen nicht minder. Wie viele von ihnen blühen auf, so wie sie dem Bannkreis der Ödipussituation entflohen sind. Wie leicht sind ihnen hier die Verzichte. Angesichts dieser Bereitschaft zum Verzicht, dieser weitgehenden, leicht erreichbaren Wandelbarkeit, Erziehbarkeit des Kindes, in dem geeigneten Milieu wohlgemerkt, ist die eine große Möglichkeit der Erziehung gegeben: die Organisierung des Kinderlebens in eigenen Institutionen, die für eine überwältigende Mehrzahl aller Kinder Entfaltung, Blüte, Harmonie bringt. Eine Möglichkeit, die von sozialen Gegebenheiten gestattet oder versagt wird. Und die in ihrer vielleicht verlockenden Schönheit herabgesetzt ist durch unsere

Unwissenheit, ob solche Kinder, erwachsen, sich in irgend etwas unterscheiden werden von anderen Erwachsenen ihres Zeitalters. Dies bleibt mehr als fraglich. Aber vielleicht ist diese Bereitschaft zu Verzicht und Erziehung, von der wir hier sprechen, Anzeichen dafür, daß sie Erwerb früherer Menschengenerationen ist, und wir viel moralischer auf die Welt gekommen als wir meinen. In diesem Fall ist die Prognose günstiger; es ist weniger fraglich, ob der Erziehungserwerb nicht vielleicht mit dem Erwachsenwerden verschwindet, es ist wahrscheinlicher, daß er bestehen bleibt, wenn der Erwachsende in eine Gesellschaft tritt, die den erfreulichen Typus Mensch, den Normmenschen, gebrauchen kann und ihn nicht zur Veränderung oder zum Untergang bestimmt, wie zweifellos in unserer Ordnung geschieht. In solch idealer Gesellschaft ist dann aber vielleicht völlig gleichgültig, wie die Kinder aufwachsen, sie werden durch Identifikation auf alle Fälle Gerechte. Es ist kein Ausweg aus den Ambivalenzen und Zweifeln. Der Wissenschaftler schämt sich ihrer nicht; er übertreibt sie, um sie in Zukunft, so hofft er, zu überwinden.

Pädagogik
im Suhrkamp Verlag

Theodor W. Adorno. Erziehung zur Mündigkeit. Vorträge und Gespräche mit Hellmut Becker 1959-1969. Herausgegeben von Gerd Kadelbach. st 11. 148 Seiten

Siegfried Bernfeld. Sisyphos oder die Grenzen der Erziehung. stw 37. 156 Seiten

Arno Combe/Werner Helsper (Hg.). Pädagogische Professionalität. Untersuchungen zum Typus pädagogischen Handelns. stw 1230. 945 Seiten

Wolfgang Edelstein/Gertrud Nunner-Winkler (Hg.). Zur Bestimmung der Moral. Philosophische und sozialwissenschaftliche Beiträge zur Moralforschung. stw 628. 476 Seiten

Helmut Fend. Sozialgeschichte des Aufwachsens. Bedingungen des Aufwachsens und Jugendgestalten im 20. Jahrhundert. stw 693. 321 Seiten

Ludwig von Friedeburg. Bildungsreform in Deutschland. Geschichte und gesellschaftlicher Widerspruch. stw 1015. 527 Seiten

Michael-Sebastian Honig. Entwurf einer Theorie der Kindheit. 277 Seiten. Gebunden

Gero Lenhardt. Schule und bürokratische Rationalität. stw 466. 282 Seiten

NF 128/1/4.05

Dieter Lenzen (Hg). Irritationen des Erziehungssystems. Pädagogische Resonanzen auf Niklas Luhmann. stw 1657. 236 Seiten

Niklas Luhmann. Schriften zur Pädagogik. Herausgegeben und mit einem Vorwort von Dieter Lenzen. stw 1697. 278 Seiten

Niklas Luhmann/Karl Eberhard Schorr. Reflexionsprobleme im Erziehungssystem. stw 740. 390 Seiten

Niklas Luhmann/Karl Eberhard Schorr (Hg.). Zwischen Intransparenz und Verstehen. Fragen an die Pädagogik. stw 572. 325 Seiten

Jürgen Markowitz. Verhalten im Systemkontext. Zum Begriff des sozialen Epigramms. Diskutiert am Beispiel des Schulunterrichts. 352 Seiten. Kartoniert

Carsten Niemitz (Hg.). Erbe und Umwelt. Zur Natur von Anlage und Selbstbestimmung des Menschen. stw 646. 399 Seiten

Fritz Oser. Moralisches Urteil in Gruppen – Soziales Handeln – Verteilungsgerechtigkeit. Stufen der interaktiven Entwicklung und ihre erzieherische Stimulation. stw 335. 539 Seiten

Friedrich Schleiermacher. Texte zur Pädagogik. Kommentierte Studienausgabe in zwei Bänden. Herausgegeben von Michael Winkler und Jens Brachmann. Band 1. stw 1451. 580 Seiten. Band 2. stw 1452. 468 Seiten

NF 128/2/4.05

Georg Simmel. Postume Veröffentlichungen, Ungedrucktes, Schulpädagogik. Gesamtausgabe Band 20. 628 Seiten. Leinen

Heinz Sünker/Heinz-Hermann Krüger (Hg.). Kritische Erziehungswissenschaft am Neubeginn ?! stw 1388. 352 Seiten

Friedrich Thiemann. Schulszenen. Vom Herrschen und vom Leiden. es 1331. 133 Seiten

NF 128/3/4.05